두만강을 건너온 사람들

추억을 간직한 사람들

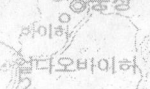

두만강을 건너온 사람들

좋은벗들 엮음

정토출판

책을 엮어내면서

21세기가 다가오고 있습니다.

20세기는 우리 인류사에서 급격한 사회변화를 겪은 한 세기였습니다. 과학과 기술의 발전은 교통, 통신, 식량생산, 주거환경 등에 획기적인 변화를 가져왔으며, 사회운동의 발전은 신분, 인종, 남녀차별을 무너뜨리고 평등사회의 기초를 마련해 놓았습니다.

그러나 다른 한편에서 20세기는 많은 문제점을 노정시켰고, 우리에게 미해결의 과제를 남겨두었습니다. 두 차례의 세계대전과 수많은 무력분쟁, 지구의 생명을 위협하는 환경파괴, 10억 명이 넘는 사람들의 굶주림, 교육의 기회를 갖지 못하는 수억 명의 어린이들, 점점 심해지는 빈부격차, 인간성 상실, 공동체 붕괴 등의 문제가 날로 심화 확대되고 있습니다.

그런데도 인류는 새로운 21세기를 바라보며 평화, 행복, 평등, 진보 등의 꿈을 그리고 있습니다. 모두들 서둘러 20세기의 문을 닫고 새로운 천년의 문을 열고자 합니다.

하지만 이 21세기의 문턱에서 우리는 절망적이고 비통한 마음으로 북녘동포들을 바라보고 있습니다. 지난 1세기 동안 우리 민족은 참으로 가슴아픈 시련을 겪었습니다. 그리고 지금 북녘동포들은 우리 선조들이 지난 세기에 겪었던 그 어떤 고통보다 더한 고통과 시련을 겪고 있습니다. 이미 300만 명 이상의 목숨을 앗아간 기아와 질병에서 여전히 헤어

나지 못하고 있으며, 식량을 찾아 간 중국에서도 온갖 어려움에 처해 있습니다. 현재 중국에 거주하는 수많은 북한난민들은 체포와 강제송환의 공포 속에서 불안한 나날을 보내고 있으며 인신매매, 매춘, 폭행, 구걸 등 온갖 비인간적인 일들을 겪으면서 기본적인 인권마저 보호받지 못하고 있습니다. 지구상의 한 지역에서 300만 명 이상이 굶주려 죽어가는 이때 '희망의 21세기'를 말하는 것이 얼마나 사치스러운 일인지, 가슴이 저려옵니다.

'(사)좋은벗들'은 죽지 않고 살아남기 위해 조국을 떠나 중국 여기저기를 헤매고 다니는 우리 동포들의 참상을 객관적인 조사에 근거하여 여러분께 알리고자 하며, 또한 여러분과 이 문제를 공유하고 그 해결을 위해 고민하고자 합니다. 이것은 지난해에 진행했던 '북한 식량난의 실태(<1999 민족의 희망찾기>, 정토출판)'와 그 맥을 같이 하는 것입니다.

우리는 오는 21세기를 북녘동포들과 함께 맞이하고 싶습니다. 북녘동포들에게도 희망의 21세기를 맞게 하고 싶습니다. 그리고 그들에 대한 민족애와 인류애를 통해 IMF를 뛰어넘는 '사랑과 희망'을 확인하고 싶습니다.

1999년 8월
(사)좋은벗들

차례

책을 엮어내면서

1부/ 북한 '식량난민'의 현황과 실태

조사의 개관/ 11
 1. 조사의 취지/ 11
 2. 조사의 설계/ 12
 3. 조사의 결과와 해석/ 13
 4. 조사의 한계/ 15
 5. 국제사회에 대한 제안/ 16
 6. 조사지역 분포도/ 18

중국 동북부 조사지역의 탈북유민 현황과 실태/ 19
 1. 조사마을 현황/ 19
 2. 유민의 비율/ 20
 3. 유민의 성별/ 21
 4. 유민의 연령/ 22
 5. 유민의 거주기간/ 23
 6. 유민의 거주형태/ 24
 7. 유민의 생활유형/ 24
 8. 유민의 연행/ 26

두만강을 건너온 사람들

중국 동북부 29개 시·현의 탈북유민 추정치/ 27
  1. 최대 추정치/ 27
  2. 최소 추정치/ 28
  3. 추정치에 대한 평가/ 29

2부/ 국경을 넘는 북한사람들의 절망과 희망

꽃제비들의 노래/ 33
  내가 만난 꽃제비들/ 34
  거리의 아이들/ 51
아아! 조선의 여성이여!/ 60
굶주림의 행렬, 국경을 넘는 사람들/ 90
자식을 버리는 부모, 열악한 노동조건/ 115
체포, 강제송환, 처벌/ 141

부록/ 연변조선족자치주와 동북3성 조사지역의 탈북유민 실태 분석

일러두기

화폐단위

중국 화폐단위는 '위안(元)' 또는 '웬(元)'이고, 북한 화폐단위는 '원(元)'이다. 본 서에서는 두 가지 화폐 사이의 혼돈을 피하기 위하여 북한 화폐는 '조선돈 ○○원'이라고 명명하였다.

인터뷰 자료번호

본 보고서의 조사작업 과정에서 인터뷰한 유민은 ①조사마을에 거주한 탈북유민 872명과 ②거리에서 만난 꽃제비 소년 150명이다. 이들을 인터뷰한 카드는 각각 순서에 따라 번호를 부여하였는데, 본 서에서 표기할 때 ①은 인터뷰 번호를 그대로 사용하였고 ②는 '꽃-번호'로 표현하였다.

탈북유민과 북한 '식량난민'

중국에 거주하는 북한주민은 정치적 난민은 아닐지라도 북한으로 돌아가면 박해받을 위험이 크고 중국에서 받는 인권적 피해가 심각하기 때문에 난민으로서 보호되어야 한다. 그래서 본 서에서는 난민이라는 표현을 사용하였으나 이들이 국제법상 난민으로 인정받지 못한 상태이기 때문에 '식량난민'으로 표기하였다. 그리고 '탈북유민' 또는 '유민'이라는 표기도 병행하였다.

1부

북한 '식량난민'의 현황과 실태
-중국 동북부지역 2,479개 마을 현지조사 보고-

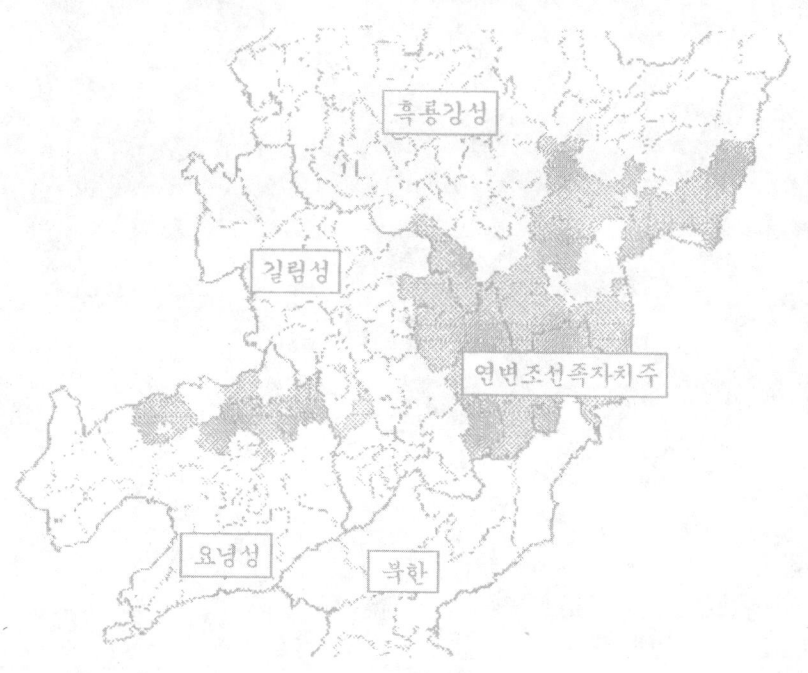

조사의 개관

1. 조사의 취지

　식량난 때문에 북한주민들이 조·중 국경지대에서 '식량난민'으로 떠돌기 시작한 지도 이미 수 년이 지났다. 풍문이나 언론을 통해 전해지고 있는 탈북유민들(displaced people)의 상황은 열악한 생활조건, 무시되고 있는 기본인권, 유민색출과 송환에 따라 위협받는 생명 등으로 요약된다. 그러나 탈북유민들의 현황과 실태는 아직 정확하게 파악되지 않고 있다. 식량을 구하기 위해 북한을 벗어나 떠도는 유민들의 숫자가 얼마나 되는지, 이들이 중국에 얼마 동안이나 머무는지, 어느 지역에까지 이동하는지, 인신매매를 포함하여 이들이 겪는 인권침해는 어떠한 종류의 것들인지, 이 모든 것들이 정확하게 알려지지 않고 있다. 이처럼 사실이 파악되지 않은 상태에서, '식량난민'들은 보호를 받기는커녕 존재조차 부정되고 있다. '사단법인 좋은벗들'에서는 이러한 공백을 메우기 위한 첫번째 작업으로 현지조사를 실시하였다.
　중국 동북부지역의 현지조사에 기초한 본 보고서는 탈북유민들의 현황과 실태를 상당 정도 드러내 보여주고 있다. 지역별 탈북유민의 비율, 유민의 성별·연령별 구성, 유민의 거주기간·거주형태, 유민의 생활유형·경제활동, 유민의 연행수 등은 '식량난민'의 생존상황에 대한 총괄

적 이해를 도와줄 뿐만 아니라, 중국 동북부지역에 거주할 것으로 판단되는 유민들의 숫자도 추정할 수 있게 한다. 비록 제한된 지역에서 그리고 조사를 제약하는 정치적 조건하에서 이루어진 조사에 기초하고 있지만, 보고서는 중국 동북부지역 내 탈북유민들과 관련된 여러 '사실'들을 분명히 보여주고 있다. 이제 국제사회는 이 '조사된 사실'로부터 눈을 돌리지 말고, 북한 '식량난민'의 인권을 보호하기 위한 다양한 방법을 모색해야 할 것이다.

2. 조사의 설계

(1) 목적 : 중국 동북3성 내 일부 지역을 조사대상으로 삼아 그 지역에 있는 북한유민의 규모, 분포, 생활실태, 인권상황 파악

(2) 조사기관 및 조사자 :
    (사)좋은벗들, 활동가 10여 명과 보조 조사자 30여 명

(3) 조사마을의 선정 : 동북3성지역 중 조사자들의 연고자가 있는 마을을 1차 조사한 후, 조사범위 확대

(4) 조사마을 : 동북3성 내 29개 시·현에 속한 총 2,479개 마을
    ① 연변조선족자치주 내 1,566개 마을
    ② 동북3성 (요녕성, 연변조선족자치주를 제외한 길림성, 흑룡강성) 내 913개 마을

(5) 조사방법 :
    ① 1단계 : 조사마을 내 거주민 3-5인과의 면담을 통하여 유민 관련 현황 파악
    ② 2단계 : 조사마을 내 탈북유민과의 직접 면담

(6) 조사마을의 규모
  ① 농촌 : 행정단위 '村'을 기본 조사단위로 하고, 필요시 하위행정
      단위 '隊'를 조사하였다. 농촌마을은 평균 120가구 정도로
      구성된다.
  ② 도시 : 행정단위 '委', '居' 또는 '組'를 조사단위로 하였고, 평균
      370가구로 구성되어 있다.

(7) 기간 : 1998년 11월 16일 - 1999년 4월 3일 (약 5개월)

(8) 주요 조사내용
  ① 마을의 총 가구수, 총 주민수, 조선족 가구수, 조선족 주민수,
     경제·지리적 특성
  ② 유민의 총수, 가족수, 성별·연령별 구성
  ③ 유민의 거주형태, 거주기간, 생활유형, 경제활동
  ④ 연행 유민의 수 (최근 1개월간)
  ⑤ 유민의 생활 (월경과정, 일상생활, 체포·감옥생활, 인신매매,
     결혼생활 등)

3. 조사의 결과와 해석

(1) 조사지역의 탈북유민의 총 주민수 대비 비율은 전체 1.7%,
    연변 1.9%, 동북3성 1.6%이다.
  ① 조선족 비율이 높은 마을일수록 탈북유민의 비율이 높다.
  ② 조선족 비율이 0%인 마을의 탈북유민의 비율은 연변 0.7%,
     동북3성 1.2%이다.

  → 조사마을 내 탈북유민의 비율을 기준으로, 연변지역을 포함한 동북3성지역
    중 조사마을이 속한 29개 시·현의 탈북 유민수는 최소 14만 명, 최대 20

만 명으로 추정된다.

(2) 유민의 거주기간은 3개월 미만이 50.3% (연변 74.6%, 동북3성 19.4%), 6개월 이상이 28.8% (연변 11.4%, 동북3성 48.8%)이다.

→ 탈북유민은 식량을 구하기 위해 월경하여 단기간 머무르는 '식량난민'에 해당되지만, 일부는 6개월 이상 거주하는 장기체류자이다.
→ 북한으로부터 먼 동북3성지역일수록 장기체류자의 비율이 높다.

(3) 조사지역의 유민 중 여성 비율은 75.5%, 남성 비율은 24.5%이고, 연령은 20-30대가 61.3%이며, 거주형태 중 결혼은 51.9%이다.
① 연변지역의 유민 중 여성 비율은 62.2%, 20-30대는 54.8%, 거주형태 중 결혼은 23.9%이다.
② 동북3성지역은 여성 비율 90.9%, 20-30대는 66.5%, 거주형태 중 결혼은 85.4%이다.

→ 탈북유민의 다수를 차지하는 여성들은 생존을 위해 불법결혼을 하거나, 인신매매를 통한 강제 결혼형태로 살아가고 있다.
→ 조·중 국경으로부터 먼 동북3성은 여성 비율이 높으며, 또한 결혼형태로 거주하는 유민의 비율이 높다.
→ 여기서 '결혼'은 법적으로 인정된 혼인관계가 아니라, 인신매매에 의한 매매혼 또는 소개에 의한 사실혼 관계다. 따라서 법적 보호를 받을 수 없다.

(4) 조사유민의 69.6%가 결혼이나 친인척에 의탁하여 생활하고 있고, 일하는 유민 중 40.9%는 숙식만 해결받고 노임은 받지 못하고 있다.

→ 일을 하고 노임을 받는 유민의 경우도 대부분이 중국인 통상임금의 30-50%를 받고 일하며, 기타 부당하게 노동착취를 당하거나 약속한 노임

을 받지 못하더라도 보호받을 수 있는 방법이 없다.

(5) 조사시점을 기준으로 지난 1개월 동안에 조사된 마을에서 중국 공안에게 연행되어 북한에 강제 송환된 탈북유민은 연변지역이 1,857명, 동북3성지역은 584명에 이른다.

→ 중국공안의 유민색출은 빈번하게 이루어지고 있으며, 체포된 탈북유민은 곧바로 북한으로 송환되고 있다.

4. 조사의 한계

(1) '식량난민'의 중국 거주기간이 짧으며 유동성이 높기 때문에, 일정 시점의 탈북유민의 숫자를 정확하게는 파악할 수 없다.

(2) 중국정부 기관의 도움이 없이 조사가 진행되었기 때문에, 마을의 공식적인 주민수와 유민수를 파악할 수 없었다.

(3) 조사지역의 무작위 선정이 어려운 까닭에 조사대상 마을이 갖는 모집단에 대한 대표성이 다소 떨어진다.

(4) 거주지가 있는 유민만이 조사된 까닭에, 일정한 거주지가 없거나 숨어사는 '식량난민'의 숫자가 파악되지 않았다.

(5) 도시의 경우, 아파트 형태의 가옥구조와 독립적 생활환경 때문에 유민의 존재를 파악하기 힘들었다.

(6) 재확인 과정에서 실제 유민보다 축소되어 조사된 마을이 다수 발견되었다. 특히 조선족이 밀집한 지역이나 불법결혼의 경우에는 유민

수색에 대한 두려움 때문에 유민의 존재가 감추어졌을 가능성이 높다.

5. 국제사회에 대한 제안

(1) 국제기구는 북한 '식량난민'을 난민으로 인정하여야 한다.
 - 중국정부는 탈북유민들에 대한 국제기구의 조사를 허용해야 하며, 난민자격 신청의 기회를 주어야 한다.
 - 탈북유민이 원할 경우 제3국으로의 망명신청 기회를 보장해야 한다.

(2) 중국정부는 '식량난민'이라 할 수 있는 탈북유민에 대한 수색, 연행, 강제송환을 중지하여야 한다.
 - 그들이 불법입국자라고 하더라도 현재 북한에서 진행되고 있는 기아사태를 감안하여 인도적 차원에서 이들을 보호해야 한다.
 - 탈북유민은 북한으로 송환될 경우 처벌을 받으며, 심지어 열악한 환경에 수용되어 사망하는 경우도 발생하고 있다.

(3) 중국정부는 난민캠프 설치와 같은, 어린이·여성에 대한 최소한의 주거시설을 확보해 주는 데 협조하여야 한다.
 - 중국에 넘어온 꽃제비 어린이와 청소년들은 주거를 확보하지 못하고 떠돌아다니며, 여성의 경우 주거를 정하지 못한 상태에서 인신매매에 쉽게 연루되고 있다. 이들이 주거를 해결하는 것은 인간으로서 최소한의 권리이므로, 중국정부는 인도주의적인 입장에서 이들을 위한 난민캠프를 설치하는 데 적극 노력해야 한다.

(4) 중국정부는 조·중 국경지역을 중심으로 발생되는 여성의 인신매매를 금지시켜야 하며, 매매혼이나 소개혼으로 생활하고 있는 탈북여

성 유민들을 보호하기 위하여 본인들이 원할 경우 공식적인 국제결혼으로 인정해 주어야 한다.

(5) 북한과 중국정부는 식량난이 해결될 때까지 생존차원에서 식량을 구하기 위해 조·중 국경을 넘나드는 탈북유민들에 대하여 자유롭게 왕래할 수 있도록 통행제한을 완화해야 한다.

(6) 북한정부는 강제 송환되거나 자유귀향한 탈북유민을 처벌하지 않아야 한다.
   - 탈북유민들은 식량난으로 생명의 위협을 받는 극한 상황에서 생존을 위해 월경한 것이므로 범죄자라 할 수 없다.

(7) 한국정부는 탈북유민에 대한 인도적 차원의 지원뿐만 아니라, 국제사회 차원의 적극적인 대응책을 마련하여야 한다.
   - 특히 외교적 노력을 통해 중국정부를 설득하고 탈북유민들이 보호받을 수 있는 장치를 마련해야 한다.

(8) 한국의 인권단체, 종교단체, 구호단체 등 민간단체들은 북한 '식량난민'의 인권상황에 주목하고, 그들에 대한 구호·지원활동을 적극 펴야 한다.

(9) 북한에 부족한 식량과 의약품의 충분한 지원만이 탈북유민의 발생을 근원적으로 막을 수 있는 방법이므로 국제기구(인권보호기구, 난민보호기구, 구호단체) 등은 체계적인 지원 방안을 강구하여야 한다.

(10) 언론은 중국 내 '식량난민'의 실태를 정확히 보도하여야 하며, 보도를 함에 있어서 북한이나 중국을 비난할 목적으로 난민문제를 다루어서는 안 된다.

6. 조사지역 분포도

전체 동북3성지역 294개 시·현 중 조사마을이 속한 시·현은 29개 지역이다. 동북3성의 전체 인구는 약 10,428만 명이며, 조사마을이 속한 시·현의 총 주민수는 전체 인구의 11%를 넘는 1,118만 명이다.

* 연변조선족자치주는 길림성에 속한 행정구역이다.

중국 동북부 조사지역의
탈북유민 현황과 실태

1. 조사마을 현황

조사마을은 총 2,479개, 총 가구수는 424,125호, 총 주민수는 1,652,180명, 조선족수는 675,565명, 조선족 비율은 40.9%이다.

<표1-1> 지역별 조사마을의 현황

지 역		총 마을수	총 가구수	총 주민수	조선족수	조선족 비율(%)
연변조선족자치주		1,566	229,196	829,582	416,236	50.2
동북3성	요녕성	314	63,871	273,641	58,464	21.4
	길림성	57	10,058	40,240	24,174	60.0
	흑룡강성	542	121,000	508,717	176,691	34.7
	소 계	913	194,929	822,598	259,329	31.5
총 계		2,479	424,125	1,652,180	675,565	40.9

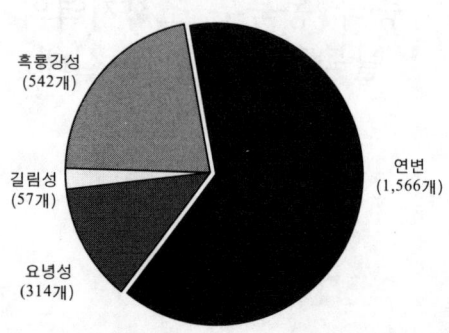

지역별 조사마을의 현황

2. 유민의 비율

조사마을의 탈북유민 총수는 28,472명, 유민 비율은 총 주민 대비 1.7%, 조선족 대비 4.2%이다.

<표2-1> 탈북유민수와 유민 비율

지 역	총 주민수	조선족주민수	유민수	유민 비율(%)	
				총 주민 기준	조선족주민 기준
연변조선족자치주	829,582	416,236	15,525	1.9	3.7
동 북 3 성	822,598	259,329	12,947	1.6	5.0
총 계	1,652,180	675,565	28,472	1.7	4.2

3. 유민의 성별

유민의 성별 비율은 여성이 75.5%, 남성이 24.5%이다.

<표3-1> 유민의 성별

지 역	성별	유민수	백분율(%)	유효백분율(%)
연변조선족자치주	남	5,666	36.5	37.8
	여	9,338	60.1	62.2
	무응답	521	3.4	-
	소 계	15,525	100.0	100.0
동 북 3 성	남	1,175	9.1	9.1
	여	11,762	90.8	90.9
	무응답	10	0.1	-
	소 계	12,947	100.0	100.0
총 계	남	6,841	24.0	24.5
	여	21,100	74.1	75.5
	무응답	531	1.9	-
	소 계	28,472	100.0	100.0

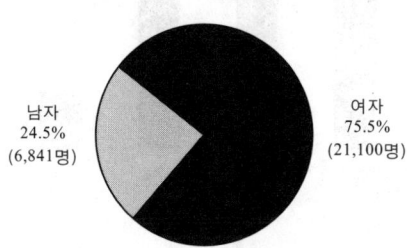

유민의 성별
(조사마을 총 유민수 28,472명)

남자 24.5% (6,841명)
여자 75.5% (21,100명)

4. 유민의 연령

유민의 연령 구성은 20대-40대가 전체의 85.5%로, 이는 젊은 층이 쉽게 월경할 수 있기 때문이다.

<표4-1> 유민의 연령 분포

연 령 대	유민수	백분율(%)	유효백분율(%)
10대 이하	770	2.7	2.8
20대	8,273	29.1	29.6
30대	8,851	31.1	31.7
40대	6,756	23.7	24.2
50대	2,531	8.9	9.1
60세 이상	735	2.6	2.6
무 응 답	556	2.0	-
합 계	28,472	100.0	100.0

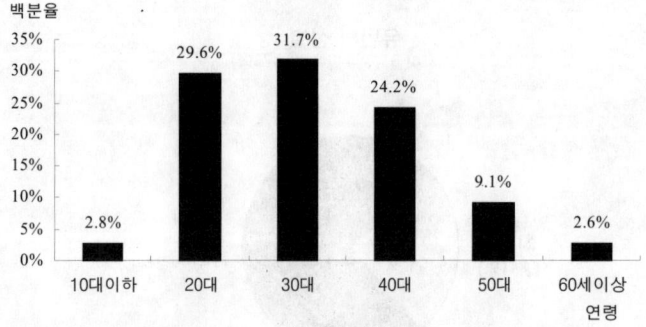

유민의 연령 분포

5. 유민의 거주기간

탈북유민의 거주기간은 3개월 미만이 50.3%이며, 1년 이상도 11.0%나 된다.

<표5-1> 유민의 거주기간

거 주 기 간	유민수	백분율(%)	유효백분율(%)	누적백분율(%)
15일 미만	6,279	22.1	22.4	22.4
1개월 미만	4,476	15.7	16.0	38.4
3개월 미만	3,327	11.7	11.9	50.3
6개월 미만	5,851	20.6	20.9	71.1
1년 미만	5,001	17.6	17.8	89.0
3년 미만	3,085	10.8	11.0	100.0
무 응 답	453	1.6	-	-
합 계	28,472	100.0	100.0	-

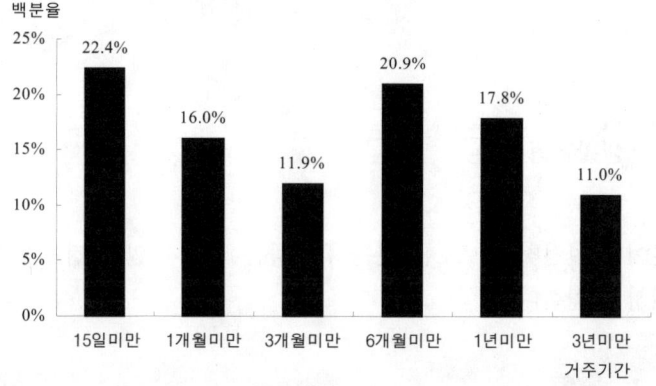

유민의 거주기간

6. 유민의 거주형태

<표6-1> 유민의 거주형태

거 주 형 태	유민수	백분율(%)
친 인 척	3,051	10.7
모 르 는 사 람	10,642	37.4
결 혼	14,769	51.9
무 응 답	10	0.0
합 계	28,472	100.0

유민의 거주형태

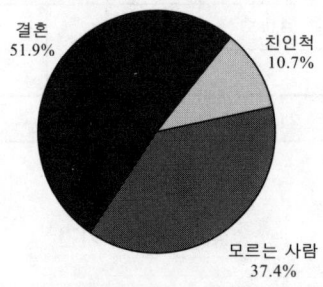

7. 유민의 생활유형

(1) 결혼이나 친인척의 보호를 받는 유민들은 일하지 않고 집안일 등을 하면서 생활한다.

(2) 일을 하고 노임을 받는 경우 : 중국에 친척이 없는 사람들은 모르는 사람 집에서 숙식하면서 일을 해 주고 하루 또는 한달 단위로 약간의 노임을 받는다. 이들이 하는 일은 일반인들이 꺼려하는 힘들고 지저분한 일들인데, 예를 들어 도시에서는 석탄보일러관리, 간병인, 보모, 식당복무원, 뜨개질, 물긷기 등의 일과 농촌에서는 분뇨처리, 비닐집기 등이다. 그러나 중국에서는 탈북유민을 보호하다가 적발되면 고액의 벌금을 내야하기 때문에 쉽게 일을 시키려 하지 않아서 유민들이 일자리를 구하기가 매우 어렵다. 또 이들이 받는 돈은 중국사회의 통상임금(약 500위안)에 훨씬 못 미치는 경우(약 150-250위안)가 대부분이다.

(3) 일을 해 주고 숙식만 해결하는 경우 : 이는 처음부터 구체적인 약속을 하지 않았거나 약속을 했는데도 받지 못하는 경우이다. 그러나 탈북유민들은 신분상의 제약 때문에 주인에게 강하게 요구하거나 다른 곳으로 이동하지도 못하고 그냥 생활하는 경우가 대부분이다. 이러한 탈북유민들은 북한에 두고온 가족 걱정으로 하루도 마음 편히 생활하지 못하며, 돌아가지도 못하고 고통스런 날들을 보내고 있다.

<표7-1> 유민의 생활유형

유민의 생활유형		유민수		백분율(%)		유효백분율(%)	
일하지 않음(결혼, 친인척 의탁)		19,670		69.1		69.6	
일을 하고 도움을 받음	노임 받음	8,591	5,078	30.2	17.8 (59)	30.4	18.0 (59)
	숙식만 해결		3,513		12.4 (41)		12.4 (41)
무 응 답		211		0.7		-	
합 계		28,472		100.0		100.0	

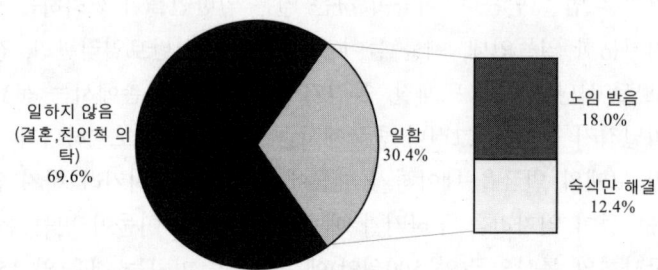

유민의 생활유형

8. 유민의 연행

조사된 마을에서 조사 시점을 기준으로 지난 1개월 동안 연행된 유민수는 2,441명에 이른다.

<표8-1> 연행 유민수

조사 마을수*	총 유민수	연행 횟수 (한달 이내)	연행 유민수	평균 연행 횟수
2,157	26,648	1,826	2,441	0.8

* 연행·송환되는 유민이 북한으로 넘겨지는 지역인 도문과 조사가 어려웠던 왕청지역의 자료는 제외하였다.

중국 동북부 29개 시·현의 탈북유민 추정치

조사된 마을에 속한 중국 동북부 29개 시·현의
탈북유민의 추정치는 최소 14만 3천 명,
최대 19만 5천 명이다.

1. 최대 추정치 : 195,479명

(1) 중국 동북부지역 중에서 조사된 마을이 소속된 29개 시·현의 총 주민수에 조사지역의 총 주민 대비 유민 비율(아래 <표1-2> 참조)을 곱하여 추정한 유민수이다.

(2) 이 수치는 조사표본의 조선족 비율이 실측 조선족 비율보다 높다는 점에서 과대 추정되었다고 할 수 있다.

<표1-1> 최대 추정치

지 역	조사마을이 속한 시·현의 총 주민수*	조사마을의 총 주민 대비 유민 비율(%)	추정 유민수(최대)
연변조선족자치주	2,183,771	1.9	41,491
동 북 3 성	9,624,272	1.6	153,988
총 계	11,808,043	-	195,479

* 지역 총 주민수는 중국 동북3성의 공식통계인 <遼寧年鑑, 1998>, <吉林年鑑, 1998>, <黑龍江年鑑, 1998>의 1997年末 통계수치를 이용함.

(3) 조사된 유민수와 유민 비율은 <표1-2>와 같다.

<표1-2> 유민수와 유민의 비율

지역	조사마을 총 주민수	조사마을 조선족주민수	조사마을 유민수	유민 비율(%)		
				총 주민 기준	조선족 주민기준	최소유민 비율*
연변조선족자치주	829,582	416,236	15,525	1.9	3.7	0.7
동북 3 성	822,598	259,329	12,947	1.6	5.0	1.2
총 계	1,652,180	675,565	28,472	1.7	4.2	1.1

* 최소유민 비율은 조선족 비율이 0%인 경우의 유민 비율이다.

2. 최소 추정치 : 143,571명

(1) 조사 유민수와 최소유민 비율 기준 추정 유민수를 합한 최소유민 추정치는 143,571명이다.

(2) 조사 유민수는 위의 <표1-2>에 나타나 있는 28,472명이다.

(3) 최소유민 비율 기준 추정 유민수는 115,099명이다. 이는 조사마을이 속한 시·현의 총 주민수 중에서 조사된 마을의 총 주민수를 제외한 후, 그 수에 최소유민 비율이라고 할 수 있는 조선족이 없는 마을의 평균 유민 비율(부록 / 연변조선족자치주 탈북유민의 현황과 실태 중 <표3-3>, <표4-1> 참조)을 곱하여 추정한 유민수다.

<표2-1> 최소 추정치

조 사 지 역	조사 유민수 (조사된 마을)	최소유민 비율에 의한 추정 유민수* (조사 안 된 마을)	추정 유민수 (최소)
연변조선족자치주	15,525	9,479	25,004
동 북 3 성	12,947	105,620	118,567
총 계	28,472	115,099	143,571

* 최소유민 비율에 의한 추정 유민수 : <표2-2> 참조

<표2-2> 최소유민 비율에 의한 추정 유민수(조사 안 된 마을)

조 사 지 역	시·현의 총 주민수 (A)	조사 마을의 주민수 (B)	조사 안 된 마을의 주민수 (A-B)	최소유민 비율(%)	최소유민 비율에 의한 추정유민수
연변조선족자치주	2,183,771	829,582	1,354,189	0.7	9,479
동 북 3 성	9,624,272	822,598	8,801,674	1.2	105,620
총 계	11,808,043	1,652,180	10,155,863	-	115,099

3. 추정치에 대한 평가

(1) 조사된 마을이 속해 있는 29개 시·현의 탈북유민 추정치는 최소 추정치(14만 명)와 최대 추정치(20만 명) 사이에 있을 것이다.

(2) 위의 평가에도 불구하고, 유민 추정과 관련된 몇 가지 변수를 고려

할 때, 최대 추정치조차도 과소 추정치일 가능성이 높다.

① 동북3성에 속하는 동시에 조사대상에 포함되지 않은 지역(총 294개 시·현 중 조사지역 29개 시·현을 제외한 265개 지역)의 탈북유민의 숫자는 추정치에 포함되지 않았다.
② 조사된 지역이 속한 시·현의 총 주민수는 전체 동북3성 총 인구의 11.3%에 불과하다.
③ 숨어사는 유민의 숫자가 파악되지 않았으며, 유민의 성격상 숨어 사는 비율이 상당하다.
④ 일부 증언에 따르면 중국의 동북3성 외 중국 관내지역과 몽고 자치구에도 탈북유민들이 상당히 분포되어 있지만, 이들에 대한 숫자는 추정치에 반영되어 있지 않다.

2부

국경을 넘는 북한사람들의 절망과 희망
―북한 '식량난민' 872명 인권침해사례 보고―

꽃제비들의 노래

나는 꽃제비 나는 꽃제비
거리와 마을은 나의 집이요
먼지와 바람은 나의 길동무
영국의 바지에 러시아제 모자에
아-크다 아-크다 나의 구두여
이것저것 가지고 어디로 가나
딸네집 가지

내가 만난 꽃제비들

1999년 4월초

우리는 돈을 구해서 록상청(비디오 상영실)에서 자고 하루에 한두 끼씩 먹고살았다. 백로식당 앞에는 남조선사람들이 많이 와서 자주 간다. '조선에서 왔다'고 그러면 잘 도와준다. 어떤 사람은 200원을 주기도 했다. 그 돈으로 집에 딱 한번 주고 왔다. 우리는 1원이라도 모아야 한다. 다른 아이들은 1원씩 받으면 사먹기도 하지만 우리는 혼자 밥 빌어 먹으려고 온 것이 아니다. 나는 혼자 계신 아버지께 돈을 갖다드려야 하고, 동생들이 아프다. 하지만 200원까지 모아봤는데 중국깡패들한테 빼앗겼다. 지금은 35원 남아있다. 록상청에는 중국사람들도 있다. 일하고 잠만 자는 사람들, 갈 데 없는 사람들이 우리와 같이 잔다. 총싸움하는 영화 보며 잔다. 그 중에서 한 아저씨는 27살인데 술마시고 행패부리면서 애들 돈을 다 걷어갔다.

옷은 얻어입기도 하고 시장에 헌옷 파는 데 가서 3원, 5원씩 주고 사입기도 했다. 옷 파는 할머니들은 우리를 보면 그냥 주려고 하지만 그들도 먹고살려고 하는 일인데 어찌 얻어만 입겠는가? 하여 돈 벌면 돈 주고 왔다. 한 겨울에는 세탁부에서 5원 주고 빨아 입기도 했다. 지저분하게 다니면 공안이 접근해 오기 때문에 가능한 깨끗이 해야 한다. 목욕도 3일에 한번씩 갔다. 목욕탕에 아는 아저씨가 있어서 가능했다. 지금은 바깥에 흐르는 물 아무데서나 씻는다.

중국에는 여자 꽃제비들이 별로 없다. 원래 강 건너기를 무서워도 하지만 건너자마자 대부분 집에 데려다가 기른다. 처녀들은 인신매매로 시집간다. 우리들도 처음 넘어왔을 때 어떤 아주머니가 데려다가 키우려 했다. 가 보니 딸 하나 있는데 병신 같았다. 아주머니는 우리를 키우려 하는데 아저씨가 싫어했다. 술 먹고 와서는 우리 문제로 싸웠다. 그래서 도망치다시피 해서 나왔다.

함경북도 온성군, 16세 남성 / 함경남도 함흥시, 16세 남성

1999년 4월말

버스에서 내리니 아이들이 먼지 날리는 길거리에 앉아 나를 기다리고 있다.
"애들아……"
"아주마이."
"저 오늘 로반(록상청 주인) 자전거 타다가 택시랑 박았습니다. 자전거 앞바퀴 다 날아갔습니다. 하하하……"
"워쩨. 아픈데는?"
"일없습니다. 발목이 좀 아팠는데 로반이 주물러줘서 괜찮습니다."
"로반이 야단치지 않던?"
"죽지 않아 다행이라 합니다."
"그래도 그렇지. 정말 괜찮니?"
"예. 일없습니다. 꽉 부딪혀서 내가 택시 앞 유리에 날라 붙었습니다."
"운전수가 암말 안해?"
"조선족이라 그런지 그냥 둡다. 전에 버스에 박았을 때는 한족이었는데 10원 내라 합디다. 내가 없다 하니 5원만 내라 해서 냈습니다. 오늘은 그냥 넘어갔습니다."
"야야, 그래도 조심해라. 우리 저기 가서 먹을까?"

"아니요. 오늘은 공안들이 순찰다닙디다. 다른 데로 갑시다."
시장 따라 조금 더 걸어가서 사람들 없는 골목에 가서 앉았다.
"진짜로 김밥 해 왔습니까?"
"그래."
"와."
민호는 고기는 안 먹고 계란만 먹는다. 어째? 하니 고기는 설사한다고. '생선은 괜찮은데……' 한다. 먹고 있는데 지나가던 아저씨가 와서 "왜 여기서 먹냐, 너 뭐하는 애냐" 하고 묻는다. 아이들과 나는 그냥 있다가 그 사람 가고 나서 자리를 옮겼다. 가서 꼬장할 지도 모른다고 아이들이 다른 데로 가잔다. 아이들은 얼마 먹지도 않았는데 '배부릅니다' 한다. 가다가 빙칠이(얼음과자) 있어서 빙칠이 먹었다. 상수는 빙칠이만 먹어도 산다고 할 정도로 좋아한다. 우리는 먹으면서 이가 시리고 춥다 하는데 상수는 시원하다고 한다. 자기는 몸에 열이 많다면서……
"그래? 어디 아픈 건 아니니?"
"일없습니다. 고혈압인 거 말고는. 겨울에 감기 좀 들고 열 좀 났습니다."
"어째?"
"겨울엔 사람들한테 돈 빌어도 얻는 게 별로 없어서 돈 없으면 그냥 아파트 계단에서 잤습니다. 그러고 나면 몸에 열이 확 나기도 하고 하루 종일 기운이 없었습니다."
"그랬구나."
빙칠이 먹다가 큰 길가로 나와 앉았다. 내 걷는 모양이 시원찮은 걸 보더니
"아주마이, 오늘 어디 다녔습니까?"
"아이다."
"조선사람들은 100근짜리 쌀가마 지고 150리도 거뜬히 걷습니다. 아들(아이들)도 그렇습니다."
'그래, 그래.'
"애들아, 이 김밥 남은 것 됐다 먹을래? 고기랑."

"예. 오늘 밤에 다 먹습니다."
"먹고, 통은 다음에 주라."
"예. 아주마이, 빗 가지고 오셨습니까?"
"응, 자."
지난 번에 민호가 빗을 갖고 싶어하길래 집에 있는 빗 주마 했었다.
"너무 작지 않니. 빗이?"
"더 낫습니다."
하며 연신 머리를 빗는다.
"제 머리카락 곱지요? 만져 보시오."
매끈했다. 어제 목욕했다고 하더니……
"아주마이. 요즘, 조선사람들 남조선에 많이 들어가지요? 우리도 들었어요. 아주마이도 친척 찾는 사람 있으면 우리가 찾아줄께요. 우리 할 수 있어요. 조선애들 중에 그런 거 해서 돈 버는 애도 있어요."
"!"
"애기 많이 들었어요. 한꺼번에 12명 식구가 통째로 간 적도 있어요. 재작년에. 홍콩으로 해서 들어갔대요."
"아, 그래?"
민호도 거든다.
"우리 큰아버지 딸이 25살인데 처녀였어요. 작년에 이리로 넘어왔는데 남조선으로 시집갔대요."
"남조선으로?"
"예!"
"어떻게?"
"모르겠습니다. 하지만 우리 누나 이쁘단 말입니다."
그럴 것 같다. 민호는 눈썹, 속눈썹이 여자인형같이 새까맣게 이쁘다.
"그래서 남조선사람이 데려 갔답니다. 여기 사람들 대련에서 배 타고 많이 간답디다. 몰래 숨어서."
"너두 가고 싶니?"
"아입니다."

꽃제비들의 노래 37

"우리 아버지 혼자 있는데…… 내 혼자 잘 살아서 뭐하겠습니까."
"그럼 상수 넌?"
"난 나중에 통일되면 내 발로 뛰어가겠습니다. 지금 숨어서 가지 않겠습니다!"
"나도 그럴 겁니다."
민호도 나선다.
"그래, 그래. 통일되면…… 근데 언제나 될른지."
"위대하신 김일성수령님 계실 때 1990년도부터 된다고 했는데…… 그리고 돌아가셨으니…… 남조선사람들도 살기 어려워서 통일되는 것 싫어하는 사람도 많답디다. 저기 저 노래방이 우리가 가서 돈 버는 곳입니다."
"얼마씩 버니?"
"1원도 벌고 70전도 벌고……"
노래방 불빛 앞에서 젊은이들이 정구 치고 있다.
"아주마이, 정구 할 줄 압니까?"
"저거? 응."
"저거, 얼마할까요?"
"몰라."
"하고 싶니?"
"예!"
"그래 운동삼아 정구 치고 놀아라."
"전 튼튼합니다."
상수다.
"그래도 넌 열도 많고 어디 아픈 데 있는 것 같은데……"
"일없습니다. 내 잡혀가다가 쇠줄에 맞았던거랑, 전기곤봉 맞은 거 말고는 일없습니다. 구류소 3층에서 뛰어내려도 일없습니다."
"3층에서?"
"그럼요. 사람이 살자하믄 뭐든지 합니다. 그때도 도망치다가 담도 뛰어넘었는데 보통 때는 못 넘습니다. 근데 사람이 급하면 못하는 게 없습니다. 아주마이는 모릅니다."

그리고는 한참을 중국애들과 싸운 얘기, 맞은 얘기, 조선구류소에 끌려갔던 얘기, 몇 번이고 도망 나오다 잡힌 얘기 등 끝도 없이 무용담이 나온다. 이제 잡히면 자기는 끝장이다 하고 다닌다. 조심조심. 늘 이리저리 멀리까지 시선을 두면서 걷는 게 몸에 배어 있다.

민호가 지나가는 택시를 세운다.

"타쇼. 잘 가쇼. 또 보입시데이."

"그래, 그래. 짜이찌엔. 안녕, 다음에 보자!"

1999년 5월 3일

오늘 만나기로 한 장소 반대 편에서 걸어가니 상수와 혁이가 먼저 보고 막 달려왔다. 오늘은 옷을 좀 주기로 했던 것이다. 혁이는 엉덩이 가랭이가 다 터진 바지를 입고 있다가 얼른 받아서 길거리 은행 앞에서 그냥 갈아입는다. 순간 악취가 코를 찔렀다. 다가가다가 멈칫했다. 땟국물에 절은 옷에 발 냄새에 골이 띵하였다. 다른 애들도 옷을 찾았다. 상수는 뭐든 다 자기 달라고 한다. 그래서 민호와 맞선다. 왜 네가 다 챙기냐고 하면서 자기도 청바지 하나 잡는다. 민호는 옷을 깨끗하게 입는 편이라 옷이 말끔한데도…… 철수는 자기는 옷 괜찮다고 하며 손도 대지 않는다. 그래도 속에 입은 티는 갈아입으라고 주었다.

혁이는 "아주미, 속옷 좀 주쇼.. 이가 기어다닙니다. 내가 벗은 옷은 다 버리쇼" 하며 길바닥에 그냥 던진다. 그러지 말라 하며 잡으려는데

"아주미, 이 옮습니다. 손대지 마쇼" 라고 한다.

혁이는 옴이 심해 손목주위가 곪아 있다. 귀도 짓무르고……

"혁아, 너가 제일 지저분하다. 야, 니네들 목욕탕 갈 때 혁이도 데리고 가라."

"안 됩니다. 피부가 저래서 걸립니다. 나도 요즘 이렇게 막 두드러기 같은 거 납니다."

하는데 보니 상수도 목이랑 팔에 오돌도돌 났다. 가렵단다.

"건드리지 마라. 긁으면 나처럼 된다."
하며 혁이가 제 팔을 내민다.
"너, 그거 아침에 일어나자 마자 아무것도 하지 말고 침으로 발라라. 그러면 일없다."
자못 진지한 철수의 말이다.
"난 맨날 해도 안 되더라 뭐……" 하며 혁이가 나선다.
어쨌든 깨끗이 씻어라 하는 말이 안 맞다. 어디 씻을 데도 마땅치 않고 또 깨끗하면 중국애가 거짓말한다고 돈도 구걸할 수 없다고 하니……
"이 회충약은 아침 공복에 2알씩 3일 먹어야 된다."
"예!!!"
저녁 먹으러 식당을 찾았다. 한 식당에 들어가니 다행히 손님이 없었다. 식당에서 조선족 아줌마가 조선애들 처음 본다는 듯 와서 나이를 묻자, 17살이라 하니 안 믿었다.
그랬더니 혁이는 "스얼(12살)"이라고 대뜸 얘기를 해 버린다. 가뜩이나 작아서 애들끼리 있을 때도 애 취급받으면 발끈하는데. 나도 혁이가 처음에 자기가 15살이라고 해서(8살로 보임) 그런가 보다 했는데 나중에 상수의 말이 "혁이, 나보다 1살 많습니다." 실제는 17살이라는 얘기다.
"요즘 록상청에 조선아이들이 많이 자는데, 공안들이 세게 단속을 해서 오늘부터는 록상청에서 못 잡니다."
"그럼 어짜노?"
"아무데서나 자면 됩니다. 일없습니다."
애들은 하루종일 밖에서 돌아다니고 밤에도 마땅히 있을 곳이 없기에 돈 얻으러 노래방이나 호텔 앞에서 기웃거리다가 12시쯤에나 들어간다. 새삼 하늘을 지붕 삼아 산다는 말이 생각난다.

1999년 5월 4일

만나기로 한 곳쪽으로 보며 애들을 찾으니 혁이와 상수가 자전거를 타고 뺑뺑 돌고 있고, 민호는 자기 타겠다 하며 쫓아다니고, 철수는 여전히 그냥 구경만 한다. 철수는 내성적이다. 개새끼라는 말을 달고 다니는 게 좀 의아하지만.

"어제 잠은 어디서 잤니?"

"집 짓는 공사장에서 썩썩이(스치로폴)로 집 짓고 잤습니다. 바람불면 넘어지고, 넘어지면 다시 집을 짖고 세 명이서 포개 잤는데 서로 가운데 들어가려고 장난치다 잤습니다. 어제 밤에 공안이 록상청 와서 3명 잡아갔답니다. 나는 추워서 5시쯤 되어 일어났는데 다른 애들은 다 잘 잡디다. 아침에 일어나 둘은 초두부와 밥 사먹고 나는 입맛이 없어서 훈둔(빵종류) 사먹었습니다. 그리고 점심은 그냥 쉐고(얼음과자) 몇 개 사먹고 놀다보니 저녁입니다. 배고픈 줄도 모르겠습니다."

"철수, 너는 요즘 어떻게 지내니? 좀 모으니?"

"화룡 있을 때는 하루에 20원, 30원, 40원 벌 때도 있는데 그런 날은 10원어치만 사먹고 모읍니다. 10원 번 날은 굶고."

옆에서 혁이가 배고프다고 야단이다. 그래서 식당에 갔다. 6시 넘으면 웬만한 시장은 문을 닫기에 식당하는 곳이 별로 없다. 역시 혁이는 다른 애들 것까지 달라며 먹고 상수는 내일 아침에 먹겠다며 챙기다가 먹다 남은 음식은 침이 묻어 있어 잘 쉰다 하니 먹기 시작한다. 민호는 반을 덜어 혁이를 준다. 그 아이는 고기를 잘 못 먹는다. 철수는 조용히 먹다가 야채를 덜어서 혁이를 준다. 북한사람들은 대부분 야채를 싫어한다. 북한에서 풀만 먹어서인지 생채는 거의 잘 안 먹는다. 그렇게 먹고 나오니 벌써 어둑어둑하다.

"기생충약은 먹었니?"

"나는 늦게 일어나서 잊어버리고 다른 애들은 다 먹었습니다."

미안해서인지 민호가 얼른 대답한다.

"철수는 갖다준 옷으로 안 갈아 입었네?"

"지네 큽디다. 그리고 깨끗하면 중국애라 하면서 돈을 안 줘서 그냥 다닙니다."

철수는 워낙 얌전하고 내가 처음 봤을 때도 중국아이 같다는 생각이 들 정도로 멀끔하다. 이마에 주름 많은 것이랑 키가 아주 작은 것으로 조선애로 분류될 뿐이다.

"다른 애들은 비닐이나 쓰레기 아무데나 버리면 내가 주워서 치우면 일없습니다."

다른 아이들은 못 줍게 하거나 부지불식간에 버리는데, 철수는 쓰레기 줍는다.

"뭐 다른 것 필요한 것 없니?"

"없습니다. 괜찮습니다. 근데, 이거 우찌 말하겠습니까. 저저……" 하며 혁이가 말하기를 주저한다.

"뭔데?"

"모자 있으면 하나 주십시오."

혁이의 말을 받아 상수도 자신의 요구를 이야기한다.

"아주마이, 낮에 심심해서 그러는데 책 좀 주십시오. 한글로 된 것 말입니다. 중국신문은 한어라서 볼 수도 없고."

"그래, 그래…… 다음에 올 때는 뭐 해 오꼬? 김밥?"

"예! 와 김밥."

"그래, 아주마이 김밥 싸울께. 우선은 연습 좀 더 해서 나중에는 안 짜고 단단하게 해서 만들어 올께. 지난 번은 두 번 다 짜고 맛 없었제."

"일없습니다." 하고 민호가 대꾸하자 혁이가 얼른 말을 잇는다.

"내 없는 새 김밥 먹었는 갑지."

"응, 그래. 니 조선족 아저씨가 키우겠다고 해서 갔을 때 말이다. 다른 애들은 안 갔는데 니는 밥만 주면 된다고 갔다가, 일 시키기에는 작고 집에서 그냥 키우자니 나이가 너무 많아서 그냥 왔댔잖아. 그 사람이 자기가 직접 키우겠다는 것도 아니고 누구한테 알선해 주겠다 했다면서?"

"예."

"그라문 내일 보입시더. 김밥, 모자, 책 꼭 가져오쇼이?"
"그래…… 그래…… 잘 가라. 참 오늘은 어데서 잘래?"
"다른 록상청 가 보겠습니다. 5원짜리는 깨끗한 데 있습니다." 하는 상수의 말에
"그라다가 공안한테 잡히면 우짤라고." 철수가 걱정스럽게 말한다.
"그거는 아무도 모르는기라. 하늘에 달렸기라." 민호가 태연스럽게 받아 넘긴다.
"그래, 그래…… 잘 지내라. 간데이."

오늘은 마음이 더 무겁다. 겨우내 아파트 계단 같은 데 잤다 해도 그냥 안 됐구나 정도였는데, 내가 직접 다니다보니 다리도 아프고 먼지 바람에 눈도 따갑다. 밤에는 날이 추울텐데…… 그런 맨땅에 스치로폴 깔고 그냥 자는 아이들 얘기를 들으니 기가 막힌다. 그나마 록상청에 공안이 덮치다니…… 가슴에 돌이 얹힌 것 같다. 참 미안타. 편안한 잠자리가 있다는 게 이렇게 감사한 일인 줄 몰랐다.

1999년 5월 7일

철수, 상수, 민호, 철민
혁이가 안 보인다. 잡혀간 거 아닌가……
애들이 꽃을 들고 나와 있다. 장사하고 남은 거란다.
"아주미, 하쇼."
"그래, 고맙구나." 장미 조화다.
"이번에는 본전도 못 건졌습니다."
"그래…… 오늘도 춥구나."
"예. 지는 감기 걸렸습니다. 어제 또 공사판에서 쌕쌕이로 이불하고 잤습니다. 어제는 낮에 비가 왔단 말입니다. 비가 오니까 밤에 더 춥단 말입니다." 철수도 감기기운 있단다.
"아주미, 우리 오늘 조선애 3명 봤습니다. 연길에 처음 왔답니다. 내 가슴까지밖에 안 오고 나이도 14살이라는데 중국에 온 지는 좀 됐는데

여태 개산툰(두만강변의 소도시)에 있었답니다. 옷도 스프링(런닝) 하나만 입고 그 위에 얇은 잠바만 입었습디다. 어찌나 불쌍한지. 걔네는 아직 빌어먹을 줄 모릅디다. 데리고 다녀야겠습니다. 옷도 좀 갖다주고. 온성에서 왔답니다."

"그래. 언제 보기로 했니?"

"내일 아침에 다리에서 보기로 했습니다. 내가 옷도 주기로 했습니다."

"그래, 잘했구나. 그럼 난 약이랑 좀 챙겨올게. 거기서 보자. 그리고 이거 먹자!"

"뭡니까?"

"닭튀김. 아줌마가 했다. 토마토하고 먹자!"

"예. 아, 짭잘하구나. 이건 처음입니다. 소고기는 먹어봤는 데…… 이건 뭡니까. 아! 신문, 남조선신문입니까? 아, 좋구나! 한번 봅시다."

닭튀김 싼 신문을 펼치더니 경수로 얘기구나 하며 어두운 불빛 아래 계속 읽는다.

"눈 나빠지니 아침에 밝을 때 보거라!"

"지난 번 책은 다 봤습니다. 이거 계속 좀 줄 수 있습니까?"

"그래, 좀 있다 갖다 줄게."

튀김을 몇 개씩 먹고는 그만 먹겠단다. 내일 먹는다고.

"혹 혁이 보면 좀 주거라."

어제는 어디서 잤는지 한번 보러가자고 했다. 조금 가다보니 공사판이 보였다. 아주 오래 전부터 하던 공사판인데 울타리 쳐 있다. 어른 키 한배 반 정도 되는 높이로. 안을 들여다보니 자질구레한 것들 위로 스치로폴이 쌓여 있었다. 거기서 잔단다. 내 속이 뒤집어지는구나. 할 말이 없다.

거기를 돌아나오는 데 철민이 혼자 나무 밑에 서 있다.

"애" 하고 부르니 아는 체한다.

"안녕하쇼.?"

"그 동안 잘 지냈니?"

"예."
"밥은 먹었니?"
"예."
"아주미, 쟤는 하루에 30원씩 법니다. 작고 불쌍하다고 사람들이 더 줍니다. 그래서 혼자 다닙니다."
"그렇구나."
"잠은 같이 잡니다."
"그래 철민이는 엄마 계시니?"
"네. 집에 동생하고 같이 있습니다. 6월쯤에 넘어갈 겁니다. 돈 벌어서."
"그래. 어디 아픈 데는?"
"일없습니다."
"다행이다. 오늘은 형들이랑 록상에서 자라. 조심해서."
"예."
"아줌마가 속옷 줄게. 갈아입고 입던 것 주라. 응?"
"예."
"넌, 몸 가렵지는 않니?"
"예."
"그럼 상수는 감기 들었으니 일찍 들어가라. 조심하고."
"예."

갖고 간 정구 공 꺼내주니 잘 논다. 지나가는 택시 피해가며 잘 노는 것을 보니 애들은 애들이다.

"오늘은 이만 가자. 혹시 혁이 보면 꼭 데리고 오너라."
"예. 그럼 안녕히?"
"그럼 내일 낮에 보자."
"안녕히 가쇼……"

1999년 5월 14일

오늘은 오후에 일이 있어 애들 잠깐 만나고 가야 한다.
혁이, 상수, 철수 셋이 나와 있다.
애들이 좀 심각한 얼굴로
"아주미, 요새 잡는 게 심상치 않습니다. 싹 쓸어간답니다"
하고 얘기 나누는데 영철이라는 못 보던 애가 와서 자기 오늘 대련에 간다고 같이 가자고 했다. 아이들 모두 가잔다.
"돈은?"
"돈 없어도 갑니다. 모아둔 돈 몇십 원으로 먹을 것 사서 가면 갈 수 있습니다"
"차비는?"
"그냥 타면 된다" 한다
모두들 약간 긴장하고 인상쓰며 얘기했다. 철수는 안 간단다. 자기는 그냥 집에 갈란다 한다. 대련까지 어떻게 가겠는가 하며……
혁이가 자기가 갖고 있던 장난감 총이랑 칼을 내밀며 "아주미 아들 주쇼"한다.
"내 아들 없다 했다아이가."
"어쨌든 가지쇼."
하며 주고 자기는 간단다. 유달리 작아서 귀엽게만 보였는데 오늘은 어디로 가고 앞으로 어떻게 될지 던져놓고 사는 사람의 표정이 들어있다. 그 작은 혁이 얼굴에 세상을 떠도는 나그네의 그림자 웃음이 있다. 아직 허기가 채워지지 않아 먹을 것, 입을 것 보면 다 자기 달라는 애인데……
이젠 아주미도 더 믿고 의지할 데가 아님을 안 듯이 상수와 함께 의논하는 걸 뒤로 하고 뛰어왔다…… 사람들 바쁘게 돌아다니는 시장에서 공안 눈 피해가며 이리저리 살피고 오늘 밤 어쩔래 하며 모의하는 애들을 뒤로 하고 그냥 돌아왔다. 여느 때처럼 돈 몇 푼 주고 철수만 철민이와 내일 만나자 하고……

애들은 그리 심각한데 나는 실감이 안 난다. 대련…… 대련…… 상수는 몇 번 갔다온 적 있다고 했었다. 남조선 가자고 애들끼리 간 적 있다고…… 고생만 하고 돌아왔다 했는데. 이번에도 무사히 그냥 돌아올 수 있었으면……

1999년 5월 24일

오늘 괜히 아이들이 어찌 되지 않았을까 해서 일찍 나섰다. 철수 혼자 쭈그리고 있다.

"아주마니, 오셨습니까?"

"어째 다리 아프냐?" 하니 일없다 하는데 다리를 절룩거린다.

"철민이는?"

"다 갔습니다. 어제 5시 반 차 타고 다 대련에 갔습니다."

"그럼 너 어제 혼자 잤니?"

"예. 혼자 거기서 잤습니다. 여럿이 있을 땐 몰랐는데 혼자 있으니 적적하고 별난 생각만 나고 내일 가야겠습니다."

"집에? 내일?"

"예. 요즘 잡는 것이 심상치 않습니다. 이런 적이 없는데 어제는 공안 한 명이 오늘은 봐 주니 내일은 가라 합디다. 내일 가야겠습니다."

"돈은 얼마 모았니?"

"70원. 저금소에 있습니다."

"어떻게?"

"조선족애 한 명 알게 되었는데 그 애가 저금소에 맡기면 된다하여 가서 내 이름 쓰고 통장 만들었습니다. 조선애인 줄도 아는데 일없다하고 해 줍디다. 오늘 낮에 가니 문닫아서 내일 아침에 가서 찾으면 됩니다."

"내일 아침에 출발하면 강에 4시쯤이면 도착합니다. 다섯 시, 여섯 시가 식사시간이고 교대시간이라서 변방대가 없단 말입니다. 그때 건너서 산길 타서 마을로 넘어가는 겁니다. 우리 집까지 150리 됩니다."

"걸어서 가니?"
"지나가는 군인차 타고 갑니다. 담배 한 갑이면 됩니다."
"그럼 돈은?"
"삼킵니다. 그 돈 삼키고 갔다가 구류소에 잡혀서 똥 싸게 되어 다 뺏기는 애도 있는데 상열이라는 애는 200원 갖고 갔다가 똥 누어 그게 나오자 다시 삼켰답니다. 지독하지요? 하긴 나도 그러겠습니다. 양백원이면 얼마나 큰돈인데…… 내일 아침부터 집에 갈 때까지는 굶어야 합니다. 내일부터 한 3일간 굶고 집에 가면 허기가 져서 핑 돕니다. 그럼 여기서는 이밥도 먹기 싫은데 죽물도 맛있습니다. 내 작년 9월에 와서는 화룡에서 4개월 동안 얻어 먹어가며 10전씩 50전씩 주는 것 모아 집에 100원 갖고 갔었습니다. 이번에는 3월에 와서 지금 70원이니 연길이 크긴 큽니다. 처음 여기 와서는 빌 줄도 몰라 가만 있었는데 다른 아이들처럼 하니 10원씩 줍디. 어찌 좋던지…… 못 버는 날도 있었지만."

'처음 날 봤을 땐 3월에 중국 처음 왔다고 했는데.'

"100원 갖고 가면 조선돈 2,500원에서 2,700원 정도 됩니다. 어머니가 하루종일 장마당에서 고추가루, 담배 같은 것 팔아도 50원밖에 안 되는데. 그 정도면 영 도움이 됩니다."
"그럼 이제 가면 언제 올꺼니?"
"거기서도 오래 못 있습니다. 그때도 3일 있다가 다시 들어왔습니다."
"왜?"
"학교에서 찾고 인민반, 부녀반에서 찾아옵니다. 중국 간 줄 알게 되면 큰일 납니다. 내 친척집에 갔다 그랬는데 거기도 연락이 와서 묻더랍니다. 철수 왔냐고. 영 살기 바쁩니다. 오늘은 혼자 자야 하는데 잡생각 많이 나기에 돌아다녀야겠습니다."
"그래, 아주머니하고 같이 걷자. 학교는 정상적으로 어디까지 다녔니?"
"안 간 지 2년, 올해로 3년 됩니다. 학교 다닐 때도 내내 여름이면 산에 가서 열매 따고 먹을 것 찾아다녔습니다."

"참, 니 이 청바지 입고 가면 안 되잖아."
"예. 화룡 가서 갈아입을 겁니다. 맡겨 뒀습니다. 교복입니다. 그렇게 가면 금방 갔다온 것처럼 하고 갈 수 있습니다. 오래 있은 줄 알게 되면 썩어지게 맞습니다."
"!"
"내겐 동생이 2명 있습니다. 둘째는 영 어질어서 건너올 생각도 못하고 막내는 까불거리는데 같이 가자 하니 그래 하더니만 만약 잡히면 어찌 되냐 하여 썩어지게 맞을 각오하면 된다 하니 안 오겠답디다. 하하하! 그 애 생각이 자주 납니다. 여기서 잘 얻어먹어도 맛을 모르겠습니다."
철수는 영양제 줬을 때도 다른 아이와 나눠 먹던 애다. 오늘 저녁 내가 사준 빵도 하나만 먹고 안 먹는다. 인차 가야 하니…… 자꾸 먹으라는 말이 나오는 내가 주책스럽다. 내일부터 3일간 굶어 몇백 리를 긴장하고 가야 하는 애한테.
'제발 잡히지만 말아야 할텐데' 하며 입술 굳게 다물고 기도한다.
"그럼 잘 가라."
"예!"
"돌아오면 7시쯤엔 항상 거기 있거라."
"예!"

1999년 6월

요즘 계속 아이들을 잡아간다. 민철이가 잡혀갔다. 한번도 잡힌 적이 없던 아이다. 작은 애들은 다 잡혀갔다. 준호는 잡혀갔다가 파출소에서 수갑찬 채로 도망나왔다. 공안들이 맥주 마시고 자는 틈에. 경호도, 준혁이도 울상이었다. 준혁이는 온 지 얼마 안 되어 빌 줄 몰라 민철이가 많이 도와줬었다. 그래서 더 안타까워 했고 '나도 어떻게 되겠지' 하고 한숨 쉬었다.
다음 날 준호, 수철, 영수, 경호를 만났다.
만나자마자 하는 얘기가,

"조선애들 다 잡아갔습니다. 준혁이도 아침에 잡혀 갔습니다."

싸 들고 간 닭튀김 먹고 있는데 웬 차가 오더니 경호, 준호를 불러간다. 영수는 다친 다리를 끌며 딴짓한다. 수철이도 저쪽으로 간다. 사복 공안이었다. 짚차 안에 아이들이 있었다. 경호가 말하길 거기에 준혁이도 있단다.

"아침에 잡혀간 준혁이와 조선애들 3명이 더 있습니다. 여자 2명, 남자 2명입니다."

"그 사람이 뭐라고 하데?"

"'너 여기서 뭐하니' 해서 '왈, 왈(논다)'하니 그냥 갔습니다."

내가 보기에는 아는 공안 같다. 경호를 살짝 불러 어깨에 손을 얹고 다정하게 물어 보았으니까 말이다.

준호도 웃으며 그 짚차에 가서 애기하고 온다. 파출소에서는 애들 잡아 두었다가 밤에 감옥으로 데려간다.

이제 이 아이들만 남은 것 같다. 아마도 이 공안들과는 관계를 터 놓은 것 같다. 이렇게 꽃제비 아이들을 싹 쓸어가는 분위기이다.

거리의 아이들

나는 18세 난 소년이다. 나는 지금 연변 유수천이라는 곳에 와 살고 있다. 이곳 사람들이 친아들처럼 여기고 보살펴 주고 있다.

나는 원래 조선에서 살았다. 나라에서 배급을 주지 않고 계속 흉년이 지고 살아가기 힘들게 되자 나의 부모들은 우리를 버리고 어디론가 가 버렸다. 그리하여 나와 동생은 길거리를 다니면서 밥을 빌어먹기도 하고 도둑질을 해 먹기도 했다.

밤이 되면 역전의 으슥한 곳에서 쪼그리고 앉아서 이마를 쪼다가 깨어나서는 아침거리를 찾으러 거리를 다니며 류랑 걸식해 왔다. 그러던 끝에 동생이 파라티푸스에 걸려 말 한 마디 못하고 눈을 감았다.

동생을 보면서 나도 잘못했다가는 동생처럼 죽을 것이란 생각이 내 머리를 쳤다. 나는 이를 악물고 빌어서 먹고, 남이 먹는 것을 날래게 채서 입으로 넣고는 뛰었다. 이렇게 수단과 방법을 가리지 않고 살기 위해서 노력하였다. 나의 옷은 반들반들 하였으며 얼굴과 손, 발은 까마귀나 매한가지였다. 하지만 나는 창피스러운 것도 느끼지 못하고 붐비는 사람들 속에 묻어 다니다가도 먹을 것이 눈에 보이기만 하면 앞에 사람이 있건 없건 고속도로 달려가 앗아 먹곤 하였다. 그때 먹던 것이 정말 별맛이었다. 나는 또한 기차 승강대에도 붙어다니며 이 역전 저 역전으로 옮겨가며 먹고살았다.

그러다가 회령이라는 곳에 흘러 들어오게 되었다. 나는 회령장마당을 전부 쓸면서 쓰리질을 하였다. 그러다가 웬 사람이 하는 말을 무심히 들게 되었는데, 그 사람 말이 '지금 중국으로 건너가는 사람들이 많다. 가다가 잡히면 교양소로 보낸다'고 하면서 수군거리었다. 나도 죽든 살든 한번 모험해 볼 겸 해 보리라 마음먹었다.

나는 회령시를 벗어나 두만강 주변에 이틀이나 잠복해 있다가 경비가 없는 틈을 리용해서 강을 건너 도문으로 오게 되었다. 이렇게 여기저기 떠돌아다니다가 유수천이라는 곳에 오게 되었는데, 이 고장 사람들은 마음씨가 좋았다. 나에게 입을 옷도 가져다주었고, 특식을 하나 해도 먹으라고 가져다 주곤 하였다. 이럴 때마다 눈물나게 고마웠다. 이 고장 사람 모두는 다 나의 아버지고 어머니였으며 내 생명의 은인들이었다. 나는 언제 가야 이곳 사람들의 은혜를 갚을지…… 이곳이 나의 행복한 보금자리는 되지 못하지만 내 살기는 안성맞춤이다.

나의 부모들은 나를 버렸지만 밥을 먹을 때마다 부모 생각에 잠기곤 한다.

함경북도 어랑군, 18세 남성/578

조선에는 '9·27 수용소'가 있는데, 그걸 숙박소라고 부르기도 한다. 나랑 동생은 장마당에서 음식을 채 먹고 주워먹다가 숙박소에 잡혀 들어갔다. 나는 숙박소(9·27 수용소)에서 달아나다 잡혀서 갈고리로 종아리를 맞았다. 피가 튀고 살이 마구 긁혔다. 종아리가 퉁퉁 부어서 옷을 걷어올리지도 못할 정도였다.

나는 다시 한번 달아날 결심을 하였다. 구류소에 3일 있다가 15세 이하는 내보내고 16세부터는 일하는 데로 보낸다. 그래서 나는 구류소에 3일 있다가 일하는 데로 보내졌다.

호송할 때 동무들이랑 내 동생이 함께 도망쳐 나왔는데, 동생은 허기증으로 제대로 뛰지 못해서 잡히고 말았다. 내 동생은 거기에 한 달 정도 있다가 죽었다. 그래도 내 동생은 명이 긴 편이었다. 보통 애들은 보름 있으면 죽는다. 거기서 주는 것이 국수인데 집으면 한 젓가락도 안 되게 준다.

함경북도 무산군, 14세 남성/꽃-151

나의 집식구는 모두 6명이다. 아버지는 늘 병석에 계셔 자리에서 자주 일어나지 못한다. 어머니도 신체는 허약하지만 집안 일과 바깥 일을 전부 했다. 내 동생 3명은 모두 영양실조가 심하여 키도 크지 못하고 목이 약하고 어깨는 올라갔다. 나는 집에서는 하루에 한 끼도 얻어먹지 못할 때가 많아서 할 수 없이 '꽃제비' 무리에 다니다 두문두문 집에 왔다.
하루는 우리 '꽃제비'들이 돼지밭에 가서 옥수수를 훔치다 주인에게 잡혀서 몽둥이로 얻어맞았는데 당장 나는 정신을 잃고 쓰러졌다가 다시 개복해 보니 밭 임자가 나의 곁에서 눈물을 흘리고 있었다. 개복한 나를 본 밭 임자는 옥수수 3개를 나에게 주면서 빨리 집으로 가라고 했다. 비틀거리면서 겨우 집에 와 보니 나의 아버지와 어머니, 동생은 모두 전염병으로 사망하여 마을에서 모아서 장례를 치러주었다고 했다. 이후부터 나는 의지할 곳 없는 고아가 되었다. 나는 '꽃제비' 아이들과 함께 류랑생활을 하다가 5명이 같이 중국으로 도강해 왔다. 나는 중국에 와서 일거리 찾으려 했으나 너무도 키가 작아 아주 작은 아이로 인정하고 일도 시키지 않으므로 정거장, 식당, 병원으로 다니면서 류랑생활을 하고 있다.
많은 사람들이 우리를 불쌍히 여겨 옷도 주고 돈도 주면서 어서 빨리 조국에 돌아가서 고아원을 찾아가라고 했다. 나는 5명의 아이들과 약속했다. 우리 5명은 돈을 벌어 인민폐 500원이 되면 조국에 돌아가서 살고자 다짐했다.

황해남도 신천군, 19세 남성/137

1998년 여름에 아버지와 어머니, 동생마저 굶어 사망하고, 나는 고아로 떠돌아다니며 살았다. 중국으로 가면 살 수 있다고 하기에 생각 끝에 친구와 함께 1998년 12월에 중국으로 건너왔다. 버스를 타고 용정에 왔는데 용정역에서 붙잡힐 줄은 생각하지도 못했다. 용정수용소에서 이틀 갇혔는데 주소와 부모 이름을 적고 조사가 끝나면 우리를 조선으로 돌려보낸다고 했다.

우리는 아직 아이들이라고 해서 크게 중시하지 않기에 기회를 타 도망쳤다. 우리들은 도망친 후 어느 집 담 모퉁이에서 서성거리고 있었는데 그때 마침 조선족 할머니가 우리를 발견하고 집으로 데리고 들어가 밥도 주고 손자 옷들도 주었다.

우리는 이튿날 그 집을 떠났다.

지금 우리들은 양계장에서 심부름하고 먹고 자고 있다. 배불리 먹을 뿐만 아니라 때때로 닭알(달걀)도 푸짐하게 삶아준다. 우리는 내보내지만 않는다면 계속 이곳에서 일하면서 살고싶다.

나는 배울 것도 다 배우지 못했고 먹지도 못해 키도 142㎝ 정도밖에 안 되며 신체 또한 허약하여 중국아이들에 비하면 너무나도 왜소하다. 관리원 아저씨는 우리를 불쌍히 여겨 말 한 마디 하여도 아주 인자하게 대해 준다.

나이는 어려도 조선과 중국의 차이는 너무나 심하고 사람 대하는 태도도 완전히 다르다. 조선수용소에 갇혀봤는 데 쩍 하면 때리고 욕하며 구박 주지만, 용정수용소에서는 큰소리로 욕은 하였지만 때리지는 않고 욕하다가도 웃곤 하였다. 밥도 이밥에 김치, 국을 주었는데 한 그릇을 어느 새 먹었는지 모르겠다.

조선에 붙잡아 보내지 않으면 계속 그 속에 있어도 좋겠다. 조선에서 언제 이밥을 주겠는가. 통강냉이 몇 알에 맨 물이 다고 그것조차 반 그릇이 고작이다. 어떻게 해서든지 중국에서 살고, 다시는 조선에 가고 싶지 않다. 중국에서 공부도 더 하고 힘도 더 키워 억세게 자라고 싶다. 배불리 먹고 따뜻이 잠자면 키도 더 클 것이다.

중국에서 절대 우리를 다시 붙잡아 보내지 않았으면 좋으련만.

어쨌든 관리원 아저씨에게 잘 이야기해서 숨어 살아야겠다.

함경남도 함흥시, 18세 남성/379

나는 16세부터 집을 떠나 '꽃제비' 생활을 했다. 드문드문 먹을 것이 많이 생기면 동생들한테 갖다 주곤 했다. 1998년 5월, 20원을 모아서 집으로 가니 집은 텅 비어 있었다. 옆집 아주머니를 통해 나의 아버지와 어머니는 약 한 달 전에 며칠 사이에 련속 세상을 떠났고, 동생 2명은 김책에 있는 이모와 같이 남양에 있는 친척집으로 갔다 했다. 나는 '꽃제비' 무리들과 같이 청진시, 부령군 등지를 헤매고 다니면서 밥도 빌어먹고 도적질도 하면서 생계를 유지했다.

나는 비록 '꽃제비' 도적놈이지만 동생들만은 어떠한 일이 있어도 공부시키고 나라의 유용한 일꾼으로 자라나게 하고 싶었다. 나는 남양에 와서 동생의 종적을 찾았으나 찾지 못하고 헛고생을 하였다. 떠도는 소문에 중국에 가면 일거리가 많으므로 돈을 벌 수 있다고 했다. 우리 '꽃제비' 4명은 도강하여 도문까지 도착한 후 서로 갈라져서 마을로 들어섰다. 나는 우리 동포들의 지극한 도움으로 옷과 신을 지원받았지만 어느 사람도 자기 집으로 데려가지 않았다. 밤이면 병원에서도 자고 밖에서도 잤다. 나는 도문을 떠나 의란이라는 곳까지 도착하여 밥을 빌어먹었다. 너무 지친 나는 3일 이 집에 머물러 있다가, 이 집 아주머니 안내 하에 집 짓는 곳에 가서 벽돌을 운반했다. 나는 키가 너무 작아서 사람들은 '10세가 좀 넘었는가' 하면서 나를 가지고 놀았다. 나는 갖은 곡절을 겪은 18세 청년이므로 도리를 번연히 알지만 그럭저럭 보내면서 쫓기지 않기 위해 노력을 해 왔다.

마침내 나는 300원을 벌었다. 그런데 또 의란의 아주머니를 찾아가니 "지금 조사가 심하여, 우리집에 더는 있을 수 없으니 연길에 가서 일거리 찾거나 혹은 우리가 옷을 얻어주면 집으로 가라"고 했다. 나는 '잡히겠으면 잡히자. 그러면 있을 곳이 있기에' 라고 생각하면서 연길까지 와서 지금 류랑생활을 하면서 동생이 혹시 보이는가 살피고 있다.

함경북도 무산군, 18세 남성/284

1999년 3월, 나와 동무는 남양에서 도문으로 도강하여 왔다. 나의 부모는 병석에 누워 있고 동생 2명이 있다. 아버지와 어머니가 병에 걸렸으나 약을 쓰지 못하고 맨 풀로 끼니를 이어가고 있다. 나는 너무도 배가 고프고 또 아버지와 어머니가 병으로 사망될 것 같기에 중국에 와 돈과 약을 얻어가려고 도강하여 왔으나 나 혼자 빌어먹고 살기도 매우 어렵다. 낮이면 음식점에 가 남은 음식을 얻어먹거나 장마당에 가 돈을 빌어 사먹기도 한다. 밤이 되면 제일 곤난하다. 학교나 버스 안에 가만히 들어가 자려다가 발각되면 쫓겨 나와 추운 겨울 밤을 밖에서 지낼 때도 많다. 겨울이기에 밤에 잘 곳이 없어서 제일 곤난하다.

16세 남성/꽃-142

밤에는 추워서 록상청(비디오 상영실)에서 잔다.
그런데 요즘에는 공안의 수색이 매우 심해져서 잡혀가는 아이들이 많아지고 있다. 연길의 공안들은 주로 밤늦게 우리가 잘 때 들이닥친다. 그 전에는 한두 명씩 와서 잡아갔는데 지금은 공안들이 무리지어 10명씩 와서 잡아간다.
공안들은 모두 철모를 쓰고 총을 들고 온다. 5-6명이 먼저 록상청 문 앞에 포위하고 그 다음에 2-3명이 총을 들고 록상청 안으로 들어와서 우리를 잡은 뒤 수갑을 뒤로 채워서 줄줄이 엮어 차에 태워 간다. 아이들은 잡히게 되면 어떻게 되는 줄 알기 때문에 죽기살기로 도망친다. 그래서 공안들도 한두 명이 있다가는 당하기 때문에 무리로 와서 잡아간다. 록상청 주인이 미리 알려주어 재빨리 뒷구멍으로 도망칠 때도 있지만,

그렇지 못할 때는 영락없이 잡힌다.

함경남도 함흥시, 16세 남성/꽃-152

    나의 할머니와 아버지는 사망하고, 어머니는 신염을 앓고 있다. 나의 동생은 영양실조이다.
    나는 집에 있으면서 하루에 한 끼도 겨우 먹기에 너무 배가 고파서 집을 떨쳐 나와 '꽃제비' 생활을 하다가 먹을 것을 좀 얻으면 집에 어머니와 동생에게 갖다주기도 하였다. 어머니의 병이 점점 더 중하여지니 나는 중국에서 약과 식량을 얻어가려고, 1999년 2월에 동무 4명과 함께 강을 건너왔다. 밤이 되면 너무 추워서 잠잘 곳을 찾기 곤난하여 볏짚 무더미에서 잘 때가 많았다. 집집을 돌아다니며 빌어먹고 식당에 들어가 남은 음식을 걷어먹기도 한다. 마음씨 고운 운전수를 만나면 버스 안에 들어가 자기도 한다. 나를 도와달라.

16세 남성/꽃-149

    1999년 3월, 세 번째로 중국에 건너왔다. 아버지는 폐기종으로 출근 못하고 집에서 휴식하고 있다. 어머니는 위염을 앓고 있고, 동생은 영양실조이다. 중국에 온 후 돈과 식량을 벌어 집에 가지고 가서 가장 간고한 고비를 넘겼다. 나는 아버지를 살리려고 또 도강하여 중국에 와서 월청 일대에 다니면서 돈과 식량을 얻고 있다. 밤이 되면 학교 유리창 문을 뜯고 교실에 들어가 밤을 지냈다. 나는 조국에서 배급이 회복될 때까지 중국에서 비렁뱅이 생활을 할 수밖에 없다. 나의 아버지를 살려야 하겠는데 지원을 해 달라.

17세 남성/꽃-150

나는 연길 시내를 돌며 돈을 빌었다. 남조선사람이나 노래방 주인에게 돈을 빌어 모은 것이 500원이 되어 조선에 계시는 부모님께 갖다주려고 결심했다. 그런데 그만 공안에게 잡혀서 연길구류소에 갇혔다.

연길구류소에는 나 같은 조선아이들이 30명 잡혀 와 있었다. 그런데 우리랑 같은 방에 있던 중국 벙어리 아저씨가 너무 못살게 굴어 우리가 달려들어 때려주었다. 그랬더니 감옥을 지키는 사람들이 우리를 불러내서 전기곤봉으로 배랑 갈비뼈 있는 데를 때렸다. 그것을 맞으니까 정신이 아찔해지면서 몸이 퉁겨져 나가서 널브러진 채 정신을 잃었다.

연길구류소에 한 달 간 갇혀 지내다가 조선으로 넘겨졌다. 나는 조선으로 넘겨지기 전에 신발 바닥에 숨겨 놓은 돈을 뺏기지 않으려고 돈을 비닐에 싸서 삼켰다. 그리고 조선에 넘어가서 3일 동안 밥을 안 먹었다. 밥을 먹으면 똥을 누게 되어서 돈이 나와 버리기 때문이다.

조선에 가서는 보위부들한테 피대(기계 돌리는 가죽끈)랑 갈쿠리(쇠줄)로 맞았다. 먼저 보위부에서 죽게 맞고 또 안전부에 가서도 죽게 맞았다. 그런데 맞을 때 소리를 지르면 더 때리기 때문에 소리를 내지 않으려고 입을 악물고 매를 맞는다. 소리 한번 지르는 데 매가 10대씩 늘어난다. "너 이번이 몇 번째야?" 하고 묻는데, 세 번째라고 대답하면 30대를 맞는다. 손등을 때리기도 하고, 잘 걷지 못하도록 다리를 때리기도 한다. 상처는 나지 않고 시퍼렇게 멍만 들도록 때리기도 하지만, 그렇게 맞고 나면 몇 달이 지나서도 관절이 아파 오곤 한다.

함경북도 온성군, 16세 남성/꽃-153

작년 봄에 나의 엄마는 전염병으로 약 한 알도 쓰지 못하고 사망하고 뒤이어 나의 할머니도 세상을 떠났다. 우리 3형제는 작은 할머니를 찾아갔는데 이미 세상을 뜨고 집은 비어 있었다. 이때부터 우리 3형제는 의지할 곳 없는 고아로서 이곳저곳 다니면서 꽃제비 거지가 되어 남들의 멸시와 천대를 받으면서 역전과 장마당을 돌아다니며 훔치기도 하고 빌어도 먹으면서 하루하루 보냈다. 하루는 중국에서 왔다는 아저씨가 우리에게 10원을 주면서 "이 강을 건너면 중국인데 중국에 건너가면 식당에 가서 먹다 남은 것을 먹으면 빌어먹지 않아도 된다"고 말했다. 이 말을 들은 후 나는 동생 2명을 데리고 도강하여 중국에 왔는데 과연 식당에 가서 남은 음식을 먹으면 먹을 걱정은 없었다. 우리 3명은 매일같이 다니면서 나날을 보냈는데 불행하게도 작은 동생을 잃어버렸다. 우리 2명은 정거장, 식당, 병원, 뻐스역 등을 돌아다녔지만 동생은 보이지 않았다. 먹을 것은 식당에서 남은 음식을 먹으면 된다고 해도 한창 공부해야 할 나이에 집도 없이 다닌다는 것은 막연한 일이었다. 만일 조국이 잠시간 곤난해서 살 길을 찾아 헤매는 우리 아동들을 중국에서 받아 학습을 시켜준다면 대단히 감사하겠다.

함경남도 정평군, 17세 남성/427

아버지는 병으로 사망하고 어머니는 간염에 걸렸다. 형은 군대에 가 있고 나이 어린 동생은 영양실조이다.

1999년 2월, 회령에서 삼합에 왔다. 돈 벌어서 어머니 병을 치료하려고 지금 매일 아침마다 장마당에서 돈과 쌀을 빌고 있다. 3명이 같이 왔는데 모두 제각기 헤쳐져서 빌어먹고 다닌다. 중국에 와서 가장 어려운 것은 병에 걸리지 말아야 한다. 나는 열이 몹시 났는데 길 가던 아주머니가 길가에 쓰러진 나를 구했다. 이 집 형님들은 매일 일찍이 학교에 다녔다. 행복한 가정에서 고운 옷, 고운 책가방을 멘 형님을 볼 때마다 나도 이 집에서 학교도 다니고 싶었지만 그렇게 될 수 없는 일이라고 자기를 자책한다.

15세 남성/꽃-10

아! 조선의 여성들이여!

강냉이밥 한 그릇을 먹고 죽는 것이 소원이라던 내 부모,
눈앞에서 힘없이 쓰러져간 내 남편,
장마당을 떠돌며 얼굴이 피투성이가 되면서도
먹을 것을 찾아 쉼없이 달음박질하는 내 딸, 내 아들

이들을 살릴 수만 있다면,
몸뚱이 하나로 맞서고 있는 이 현실은 차라리 희망입니다
그러나, 그러나! 제발 살아만 있어다오

나는 조선에서 매일 먹을벌이를 하는 어머니를 도왔다. 그런데 하루는 어머님께서는 나를 불러놓고 말하였다.

"우리가 아무리 헤매며 일을 해도 입에 풀칠하기 바쁘니 이제는 방법이 없다. 너라도 중국에 나아가 돈을 벌어다가 이 집을 좀 살리려무나."

나는 처음에는 리해할 수 없었다. 하지만 곰곰이 생각하니 어머님의 말이 옳았다. 하여 나는 어머님과 약속하고 그렇게 하기로 결심했다.

어머니는 나를 데리고 가서 소개하는 사람에게 조선돈 10,000원을 받고 판 거나 다름이 없었다. 하지만 나는 어머니를 원망하지 않았다. 오죽하면 제 자식을 타국에 팔겠는가? 나는 그 심정을 리해한다. 어머니는 마지막으로 나를 떠나 보내면서 "집 근심은 하지 말고 너 하나만 가서 잘 살아라" 하시고는 얼마나 울었는지 모른다.

1999년 2월, 우리 모녀는 이렇게 눈물로 작별하고, 나는 살던 곳을 떠나 회령에서 하루 묵고 3월에 두만강을 건너 중국 삼합까지 왔다. 자기 조국을 사랑하지 않는 사람이 누가 있겠는가? 하지만 막다른 골목에 이른 우리에게는 방법이 없는 정황인터라 이 길을 선택하지 않으면 안되었기 때문이다. 이 한 몸을 바쳐서라도 굶주림에 허덕이는 부모형제를 살려보려는 마음으로 이 길을 택했다.

이제 우리들이 이곳에 온 지 3일이 되었다. 매 때마다 밥에 고기며 여러 가지 채소를 다 먹어보는 나의 마음은 집에 계시는 부모형제를 생각하니 목이 멜 때가 많다. 고향에 계시는 부모형제들은 먹을 것이 없어 들판에 벼이삭이며 나무껍질을 베껴다 먹고 그것마저도 없는 형편이다. 언제면 조금이라도 나아질까 하고 기다리지만 점점 더 심해지는 식량난은 아직도 얼마나 많은 생명을 앗아갈지……

이번에는 7명이 함께 건너와서 오늘 이 자리에 같이 앉아 있지만, 내일은 모두 사방으로 헤어져 어떤 곳으로 팔려갈는지? 기구한 우리 운명은 과연 어떻게 될 것인지…… 이제 우리 서로 헤어지면 언제 만날 수 있게 될지…… 언제면 우리 조국이 통일되어 부모형제들과 모여 앉아 옛말하며 살 수 있겠는지…… 그날이 하루빨리 왔으면 얼마나 좋겠나.

함경북도 회령시, 24세 여성/450

1998년 2월, 나는 사람장사꾼을 따라 중국으로 도주하였다. 조선에 있을 때 우리집에는 할머니와 아버지, 어머니, 그리고 나와 동생 이렇게 다섯 식솔이었다. 비록 아버지와 어머니는 직장에 다닌다지만 로임을 내어주지 않아 생활은 가난으로 쪼들렸다. 그리하여 우리 다섯 식솔은 정말 살 길이 막막하였다. 15세 난 남자 동생은 영양부족으로 하여 키가 자라지 못하여 10세 난 어린아이 같았다. 그리고는 점심과 저녁은 먹을 것 아끼느라 굶어야만 했다.

어느 날 내가 배고픔을 무릅쓰고 길거리에서 풀뿌리가 없나 두리번거리며 찾고 있는데 한 아저씨가 나를 이끌고 사람 없는 골목으로 데리고 가 가만히 중국에 가고 싶지 않는가 하고 물었다. 그는 중국에는 먹을 것을 산더미처럼 쌓아놓고, 돼지도 입쌀을 먹인다고 하였다.

내가 집에 가서 어머니와 아버지에게 말하니 그들은 나를 보내기 무척 아쉬워했지만 별 수가 없어 고개를 끄덕였다. 그것은 나 한 사람이 줄어들면 그들도 먹을 것에 여유가 있게 되어 하루라도 더 살 수 있기 때문이다. 1998년 2월 중순에 나는 눈물을 머금고 집식구들과 작별하고 만나기로 약속한 지점으로 갔다. 거기에는 벌써 나와 나이가 비슷한 처녀 4명이 와 있었다. 우리 5명은 사람장사꾼을 따라 걷기도 하고 차를 타기도 하며 압록강 주변의 마을까지 왔다. 우리는 날이 어두워지자 강을 넘어 무사히 중국에 왔다. 그들은 우리에게 중국 옷으로 갈아입게 하고 차 안에 가만히 앉아 있으라고 했다. 우리는 차를 타기도 하고 또 중국경찰국에서 차량에 대한 수색이 심할 때면 도보로 걷기도 하면서 며칠이고 가고 또 갔다. 그 도중에 같이 온 처녀애들은 하나 둘 팔리어 중국남자들한테 시집가 버렸다.

그런데 나는 인물은 괜찮은데 키가 너무 작다는 이유로 남자들이 나를 사가지 않았다. 사람장사꾼은 너무도 부아가 치밀었던지 나를 북조선에서 헛 사왔다며 도로 물리겠다고 하였다. 나는 서럽게 울며 그에게 매달리며 '제발 아무 사람한테 팔려도 좋으니 보내만 주지 말라'고 애원하였다.

며칠 후 나는 겨우 3,500원에 한 농촌의 30살 총각에게 팔려갔다. 고생 끝에 낙인지 그 총각은 나를 끔찍이도 사랑해 주었다. 비록 인물은 수수하지만 그의 부드러운 성미가 내 마음에 꼭 들었다. 우리는 지금까지 이곳에서 농사를 지으면서 행복하게 살고 있다. 그저 지금 조선에 사는 우리집 식솔들의 안부를 몰라 속이 탈 뿐이다.

함경남도 홍원군, 21세 여성/454

원래 우리 가정은 아버지와 어머니, 오빠와 나 이렇게 네 식솔이 살고 있었다. 1996년 아버지가 허약해진 몸으로 세상을 뜨고 나니 우리 세 식솔만 남게 되었다.

생전에 아버지는 우리 자식을 얼마나 아끼고 사랑했는지 식량이 없어 굶는 우리 형제를 보면 한숨만 "푸" 하고 쉬면서 아무 말 없이 그저 담배만 태우며 근심에 싸여 있었다. 멀건 푸대죽 한 그릇이 차려지는 것도 잡숫지 않고 아들에게 갈라 주곤 하면서 때를 건너 뛸 때가 보통이었다.
　어머니는 나에게 "여자는 아무 때건 시집을 가야 한다. 듣자니 중국에 모두 시집간다구나. 너도 중국에 잘 사는 집에 시집가서 팔자 고치고 살아라" 하고 말하였다. 지금 방법이 없는 정황 하에서는 이 길만이 살 길이었기 때문이다. 잘 사는 집에 시집가서 어머니와 오빠를 살리겠다는 생각을 하니 신심이 생겨, 나는 당장 장사꾼 아주머니에게 찾아가 나도 갈 생각이 있으니 데려가 달라고 하자, 아주머니는 "돼구말구. 너 같은 인물에 체격이면 얼마든지 좋은 남자한테 시집갈 수 있다"고 구슬러댔다.
　그리하여 우리 3명은 아주머니가 끊어 온 차표를 가지고 1999년 3월에 회령까지 와서 회령에서 밤길을 걸어 산을 넘고 들판을 지나 국경선까지 왔다. 때는 오후 6시가 좀 넘었는데 보초서는 경비원들이 밥을 먹느라고 부산할 때였다. 우리는 한 경비원을 끼고 "빨리 강을 건너라"는 소리에 정신없이 강에 뛰어들어 무사히 중국땅을 디디게 되었다.
　우리를 건너게 해 준 아주머니가 거주할 집으로 우리를 데리고 들어가니 집주인은 반갑게 대하면서 낮은 말로 "오느라고 얼마나 고생하였는가" 하면서 친절히 대해 주었다. 그리고는 얼른 밥을 지어서 상을 차려주었다. 우리는 그 집에서 밥을 먹은 후 인차 택시차로 안도현인 어느 마을까지 갔다. 그곳에서 하루 묵은 후 심양에서 우리를 팔려는 예산이었다. 우리가 "왜 그 먼데를 가야만 하는가" 하고 묻자 그 사람은 "지금 여기는 조선사람이 너무 많이 들어와 여기에 있으면 위험하다" 하면서 멀리 안쪽에 들어가서 사는 것이 제일 안전하기 때문이라고 하였다.
　우리는 팔려오는 몸이기에 따로 무슨 방법이 없었다. 우리는 멀리 갈수록 집으로 돌아가기는 더 어려워진다는 것을 잘 알고 있으니 눈물부터 난다. 우리 운명은 왜 이다지도 기구한지 생각 같으면 어머니에게 소식이라도 알리며 이 딸은 무사히 잘 건너왔으니 근심하지 말라고 전하였으면 좋으련만 편지조차 할 수 없으니 무슨 방법이 있겠는가? 하루빨리 우리 조국도 통일되어 마음대로 아무 곳이나 드나들 수 있다면 그리운 부모형제들과 한 자리에 앉아 옛말하면서 살 수 있으면 좋겠는데…… 그날이 오기를 이 딸은 두 손 모아 빌겠다.

함경북도 청진시, 26세 여성/552

나는 1999년 1월에 중국에 왔다. 우리 어머니도 중국에 가서 배불리 먹고살라고 하면서 내가 도강할 때 강에까지 나와 배웅하였다. 내가 건너오니 남자 1명이 나한테 와서 추운데 차로 데려다 주겠다는 것이다. 얼마를 왔는지 가 보니 한 시골집이었다. 거기에는 조선녀자 6명이 있었고, 나까지 합쳐 7명이었다. 이튿날 남자 3명이 와서 우리 7명을 죽 세워놓고 값을 흥정하였다. 인물 좋고, 체격 좋은 청진시에서 온 처녀는 3,000원 또 다른 애들은 2,000원, 1,000원 제일 값 낮은 애는 500원이었다. 흥정이 끝나고 나서 애들을 데리고 어디론가 나갔는데 나는 차에 실려 지금 이 집에 오게 되었다. 알고 보니 이 집에서 3,000원에 나를 샀다는 것이다. 우리 조선정부에서 백성들을 밥만 먹여줘도 무엇 때문에 우리가 이렇게 팔리겠는가? 부모형제 모두 산산이 흩어져 살아야 하는 것은 또 무엇 때문인가?

며칠 후면 또 다른 곳에 팔려갈지 모른다.

함경북도 회령시, 24세 여성/618

나는 중국에 두 번 왔다. 처음은 1998년 6월초, 동무와 함께 와서 노래방에서 일하였고, 6월 중순에 다시 남양에서 도문으로 해서 넘어왔다. 한 식당에서 복무원질하다가 공안국에서 조사 온다 하니 나를 안도 친척이라 하면서 그 집 식당에 가 일하라 하였지만 기실은 식당이 아니라 나를 할빈근처에 팔아먹었다.

51세 난 처 잃고 혼자 사는 무서운 도박꾼이었고, 도박에 밑천 없으면 나를 미끼로 남자들에게 빚 대신 몸 바치게 했다. 이렇게는 살 수 없어 기회 봐 목단강행으로 도망쳤는데 중국말을 하지 못하니 조선사람으로 알고 한 청년이 손시늉을 해 가면서 도와주겠다고 했다. 손에 돈도 얼마 없고 다른 방법이 없었으나 따라갈 수도 없고 서슴거릴 때 마침 조선족 한 사람을 만났는데, 그이는 동녕으로 가는 길이었다. 그래도 조선사람과 같이 가는 것이 낫다고 생각하고 그를 따라 동녕으로 갔고 수분하에도 갔는데 모두 팔아먹었고 기생노릇 하는 수밖에 없었다. 우연히 연길에 사는 사람을 만나 나를 좀 데려가 달라고 사정했는데 나의 인물과 체격을 보더니 기회를 봐서 도망치게 하고 데려가겠다 하였다. 연길 사람 역시 장사꾼이어서 돈밖에 모르는 인간이었다. 연길에 오니 층집에 데려다 놓고 데리고 자기도 하면서 다시 다른 사람에게 넘기려 하였다. 이렇게 5번이나 옮겨다니자니 눈물은 얼마나 흘렸으며 말 듣지 않으면 때리기까지 하였고 남자 힘을 당할 수 없으니 당하고 만 것이었다. 며칠은 고분고분 말도 잘 듣고 먹을 채소도 없고 하니 시장에 가 채소 사오라고 하였는데 달아나면 어떻게 하든 찾을 수 있으니 찾으면 죽이겠다고 으름장 놓았다. 채소 사고 그 범의 굴에서 달아나지 않으면 죽고 말 것이니 더 무엇 생각할 새 없이 도망쳤다.

지금은 한 시골에서 착한 남편 만나 잘 보내고 있다. 몇 달 전의 일만 생각해도 소름이 끼치고 생각만 해도 굶어죽어도 조선에 있기만도 못했으니. 인권자유마저 박탈당했으니 너무나도 억울하지만 나라실정이 이러니 별 수가 없다. 살아서 다시 조선이 잘 살 때까지 버티고 있다. 그리운 부모형제 만나 잘 살 것이라는 한 가닥 기대를 품고 있을 뿐이다.

함경북도 명천군, 26세 여성/502

1997년 1월, 나는 압록강을 건너 중국 장백으로 왔다. 그때 우리 모두 12명인데 년령이 19세부터 25세까지인 미혼녀성들이었다. 우리 12명은 대오가 너무 방대하여 네 패로 갈라져 제각각 집을 찾아들어갔다. 다행히 그 마을은 몽땅 조선족이 살고 있는 마을이기에 언어가 통해서 좋앉다.

우리 4명은 한 집을 찾아 문을 두드렸더니 집주인은 인차 불을 켜고 문을 열어주면서 들어오라고 하였다. 집으로 들어간 우리는 이렇게 오게 된 사연을 말했더니 불쌍한 사람들이라면서 먹을 것을 주고 하룻밤 자고 가라고 하였다. 하여 우리는 그곳에서 하루 묵고 이튿날 떠나자고 하니 목적 없이 어디로 가야할지 몰라 망설이다가 할 수 없이 집주인보고 사정했다. 우리는 중국에 살러왔는 데 아무 곳에나 시집을 보내달라고 말하였다. 집주인은 한참 생각하던 끝에 그러면 하룻밤을 더 묵어라 하고는 사처에 전화를 걸어 총각이 있는가를 소망하고는 이튿날 아침 택시를 불러 우리 4명을 앉이었다. 그리고 안도현인 송강진에 2명을 떨어놓고, 다시 한 시간 가량 가서 만보향인 조선족 마을에 우리 2명을 각각 4,000원에 팔았다.

이렇게 해서 우리는 남자를 만났다. 다른 친구들은 다 괜찮은 사람을 만났는데 나만 복이 없게도 제일 주정뱅이 남자를 만나 술을 마시고는 누구하고나 걸고들며 술주정을 하는 것이었다. 나는 너무 애가 나서 별란 방법을 다하여 얼리었지만 아무런 소용이 없었다. 하여 나는 그 집에서 네 달을 겨우 살고 끝내 견디지 못하여 남자 몰래 가만히 집을 뛰쳐나와 온 밤을 걷고 걸어서 신합이라는 마을까지 왔다. 나는 온 밤을 끄스개 신을 신고 옷도 제대로 입지 못하고 나온 것이 너무 지치고 발에 물충기가 쳐서 걸을 수 없게 되자 거리바닥 가로등 밑에 앉아 쪽잠을 자고 있는데 전화 가설하는 한 청년이 나를 보게 되었다.

그 청년은 나를 흔들어 깨우면서 왜 바깥에서 자느냐고 묻자, 나는 그만 서러워 울면서 사실을 말했더니 나를 불쌍히 여기어 한 친구 집에 먼저 데려다 놓고 여기서 푹 쉬라고 하고는 일이 끝이 난 다음 오후 차로 우리집에 함께 가자고 하였다. 약속대로 그는 와서 나를 데리고 80리나 되는 길을 뻐스를 타고 집으로 왔다. 알고보니 그 집은 가난하여 아들이 28세가 되도록 장가들지 못했다. 내가 들어가니 그 집에서는 무슨 영문인지 몰라 하면서 누구인가고 어머니가 물으니 그 남자는 웃으면서 하는 말이 "내가 주워온 사람이요" 하고 말하자 온 집식구들은 너무 좋아서 어쩔 바를 몰라하였다.

  이렇게 되어 나는 그 집에서 열 달을 살았는데 임신 7개월이 되었다. 매일 부현에서 와서 유산하라고 하지, 또 남편되는 사람은 남조선으로 로무송출로 나가게 되지 아무리 생각해도 당장 제 몸도 어디 가 있을지 모르겠는데 아이까지 하나 더 생기면 어떻게 하겠는가? 하여 나는 남자와 토론하고 아이를 유산하였다. 20일이 지난 후 남편은 자기가 남조선으로 로무를 나가게 되면 언제 오겠는지 모르겠는데 다른 좋은 남자를 소개해 줄테니 가서 잘 살아라 하면서 나를 다른 사람에게 3,000원을 받고 팔아버렸다. 나는 이렇게 짐승처럼 이집저집 사처로 팔려다녀야 했다. 언제면 제 나라 제 땅에서 배고픈 고생을 하지 않고 떳떳이 살 수 있겠는지. 그날이 오기를 손꼽아 기다린다.

함경북도 청진시, 25세 여성/551

  중국에 있는 외삼촌댁에 기별하여 약과 식량을 좀 지원받자고 남양에 왔는데 잠시 하숙집을 잡고 쪽지를 인편에 보냈다. 그러나 일주일이 넘어도 소식이 없고 가져온 로비도 다 떨어져 더 기다리지도 못할 처지였다. 주인집 아주머니는 나의 처지를 보고 차라리 강을 건너 찾아가라고 하면서 1월에 3명이 건너가니 약속한 날에 오면 안전하게 갈 수 있다고 하였다. 별 수 없이 그렇게 하는 수밖에 없었는데 우리 녀자 3명은 남성을 따라 밤 7시에 강을 건너 도문으로 왔다. 우리를 한 집에 데려다 주고 차츰 친척과 련계하라 하고는 갔는데 후에 안 일이지만 이 남자는 조선녀자를 전문으로 팔아먹는 인간이었고, 2,000원씩 받았다. 이 중국사람 역시 우리를 연길로 데려가서는 또 3,000원씩 받고 돌아갔다. 너무나 허무한 나는 앉아 울어도 아무 소용이 없었다. 그들은 우리를 아파트 층집에 가두고 옷을 몽땅 벗겨 이불만 쓰고 있게 하였다. 또 임자가 나서면 우리를 팔아먹을 심산이었다.

  우리 가기 전에 한 30대 녀자는 자기로 인해 이 집주인은 숱한 돈을 벌었는데, 팔아먹고는 그 무슨 방법을 대서는 도망쳐 다시 자기한테 와야지 그렇지 않고는 주소를 알기 때문에 죽여버리겠다고 하였다. 자기는 8번 팔려 돌아왔는데 그 주인의 야욕도 채워줘야 한다고 하였다. 들으니 너무나 한심하였다. 잘 사는 중국에서 이런 무서운 일들이 발생하는가 싶고 떠난 자신을 얼마나 후회하였는지 모른다. 울어도 소용이 없으니 기회만 보면 달아나야 되겠다 생각하고 있었다.

때마침 45세 돼 보이는 남성 한 사람이 사람 보러 왔댔는데 뻐스 칸에서 물건을 나한테 맡겨놓고 소변보러 간 틈에 달아났다. 천만다행이었다. 친척집에는 모두 외출하고 없으니 별 수 없이 다시 돌아가려고 도문에 왔다가 노래방 취사간 복무원이 수요된다 하기에 소개로 밥을 하고 청소하여 두세 달 벌어가는 수밖에 없는데 강이 녹으면 그것도 문제고 넘어가는 약속 없이 가는 것도 머리 아픈 일이다.

조선나라가 이 모양이니 살 길 찾아 떠난 인민들의 고생도 말이 아니다. 사람값이 없이 천대받으면서 살아야만 되는지? 차라리 죽기만도 못하니. 통일의 그날까지 살아야지. 남북이 통일되면 그래도 잘 살겠지? 이 한 가닥 기대뿐이다.

함경북도 경성군, 32세 여성/500

조국에서는 더는 극복해 살 수 없어 중국에 와서 일거리를 찾아 집식구들을 구하려는 생각으로, 집을 떠나 도강의 길을 걷기 시작했다. 그런데 나에게는 상상도 하기 어려운 불행이 닥쳤다. 우리 3명은 중국에 도착하자마자 나쁜 놈 무리에 잡혀 차에 실려 5곳이나 옮기면서 시달리다가 한밤중에 또 녀자 5명을 배에다 싣고 우리 눈을 싸매고 입도 수건으로 봉해서 우리를 끌고 내려갔는데 숨쉬기도 아주 바쁜 캄캄한 곳이었다. 나는 정신을 가다듬고 꼭 살아야 된다고 생각하면서 손 묶은 끈을 계속 움직였더니 매었던 자리가 느슨해지면서 손이 나왔다. 나는 입을 묶은 수건과 눈을 가린 수건을 풀고 아무리 사방을 살펴도 캄캄했다. 나는 손으로 더듬어 옆에 앉은 동무의 묶인 손을 풀어주었는 데 그녀는 맥없이 쓰러졌다. 나는 자세히 살펴보니 바늘귀 만한 빛이 들어오는 것을 발견하고 그 가까이 가 보니 과연 작은 문이 있었다. 우리 둘은 "사람 살려라" 소리쳤지만 가까이 오는 사람은 아무도 없었다.

시간이 어느 정도 흘렀는지 모르겠다. 나는 길도 모르고 다른 사람을 돌볼 정황이 못되어서 앞만 보고 계속 올라갔다. 문득 앞에서 말소리가 들려오는 순간, 나는 물에 뛰어내리면서 "사람 살리라"고 소리쳤다. 정신차린 후 안 일이지만 마음 착한 사람이 나를 구했다. 나는 또 다른 큰 봉변을 당할까 두려워서 옆방으로 가만히 사라져 걸식하면서 이곳까지 왔다. 나라가 가난하여 우리 인민들도 함께 가난에서 헤어나지 못한다. 언제까지 이런 비인간적인 생활이 계속될 것인지……

함경남도 단천시, 27세 여성/279

1998년 1월, 나는 중국으로 넘어왔다. 후에 안 일이지만 5,000원에 이 집에 팔려왔다고 한다. 시집와서 보니 남편은 마음씨가 착해 나는 마음놓고 이 집에서 살려고 생각하고 결혼식도 간단히 하고 지금 아이까지 있다. 한 달 전 일인데 하이아(자동차) 한 대가 우리집 문 앞에 서는 것이었다. 남자 3명이 내려 하는 말이 "우린 공안국에서 왔는데 조선에서 온 녀자와 알아볼 것이 있으니 우리와 함께 가자"는 것이었다. 우리 남편은 함께 따라나섰다. 차가 얼마 가지 않아 멈춰서더니 우리 남편을 차 밖으로 내려보내고 나만 데리고 어디론가 갔다.

그 이튿날 한 남자가 나를 데리고 역전으로 갔는데 연길역이었다. 차 시간이 아직 있으니 그 남자는 나를 보고 "가만 앉아 있어! 가서 과일을 사 올께" 하는 것이었다. 나는 머리를 끄덕이고는 그 남자가 간 후 인근 전화청에 달려가 시집에 전화로 알렸다. 얼마 안 돼서 공안국 차가 나의 남편과 시부모들과 함께 달려와 나를 구하고 그 남자도 붙잡았다.

후에 공안에서 나를 보고 국적이 다르기 때문에 인츰 조선으로 가자고 하였다. 나와 시집에서는 두 손을 빌면서 애를 봐서라도 살려달라고 하였더니 한번만 용서할테니 3,000원을 벌금으로 내라기에 이집저집 뛰어다니면서 얻어내어 겨우 목숨을 살렸다.

　이제는 조선에는 절대로 못 간다. 가면 죽는 길밖에 없으니 죽어도 여기서 죽어야 한다.

함경북도 온성군, 26세 여성/332

　우리집에서는 하루에 한 끼의 푸대죽도 먹기 어렵게 되어, 나는 중국에 있는 친척집에 찾아가는 동무를 따라 도강하여 왔다. 같이 온 동무의 친척집에 가 일하러 왔다고 하니, 집주인은 여기는 변경지구여서 조선에 압송되어 가고 일을 시킨 사람은 많은 벌금을 물게 되기에 일자리를 얻기 매우 힘드니 흑룡강성에 가라고 하며 나에게 로비까지 대어주기에 나 혼자 이곳에 왔다.

　나는 해림시에서 일자리를 찾느라고 돌아다니다가 어떤 30여 세 되는 조선족 청년에게 붙잡혔는데 그는 자기가 경찰이라고 하며 나를 데리고 갔는데 따라가 보니 해림시 부근 농촌마을이었다. 여기에 와서 그는 나에게 말하기를 이곳에서 돌아다니다가 한족에게 붙잡히게 되면 한족 로총각에게 팔려가게 되니 나더러 이 마을에 있는 조선족 총각에게 시집가라고 하며 한 청년을 대면시켜 줬다. 낯선 곳에 불법적으로 도강해 온 몸이기에 무조건 순종하는 길밖에 없다고 생각한 나는 승낙하고 그 총각 집에 따라갔다. 이렇게 해서 이 집에 온 지 근 일년이 되는데 내 처지에 이 집을 나올 바가 못 되어 시키는 대로 열심히 집안 일을 하여 큰 망설임 없이 생활하고 있다. 나는 밥상에 마주 앉으면 집식구들이 푸대죽도 끼니마다 배불리 먹지 못하던 광경이 눈에 떠올라 남 모르는 눈물만 흘리고 있다. 내가 부모형제를 다시 만날 수 있을지 모르겠다.

함경남도 단천시, 23세 여성/749

나는 북조선에 있을 때 굶주려서 고생할 대로 하였다. 집에는 남편과 남자애가 2명 있는데 모두 먹지 못하여 몰골이 말이 아니다. 어른들은 그래도 그럭저럭 괜찮은데 애들의 여윈 모습은 정말 애처로워 볼 수 없을 지경이었다. 모든 산과 벌판의 풀뿌리와 나무껍질은 굶주린 사람들에 의해 더 이상 남아있지 않았다. 나는 그래도 살아보려고 논밭에 가서 벼뿌리며 옥수수뿌리를 파다가 가루내어 떡을 해 먹기도 하고 옥수수가루를 조금 넣고 죽을 쑤어먹기도 하였다. 그것도 없을 땐 맹물로 굶주린 배를 달래기도 하였다. 마을에는 굶어죽는 사람이 하루에도 몇 명 되었는데 모두 남몰래 가만히 묻어 버리곤 하였다. 그것은 굶주림에 눈이 달아오른 사람들이 파다가 삶아먹기 때문이다.

나는 이렇게 온 집식구가 굶어죽기를 기다릴 수 없어 중국으로 도주하기로 결심하였다. 나의 남편은 몇 해 전부터 간질병을 앓아 왔었기에 그에게 애를 맡겨놓고 나중에 애들과 남편을 데리러 갈 생각이었다. 1998년 5월, 나는 먹을 것을 장만해서 길을 떠났다. 나는 며칠이나 걷고 걸어 회령을 지나 두만강 유역에 도착하였다. 거기에서 나는 날이 어두워지기를 기다려 무사히 도강하여 중국땅에 들어섰다.

나는 먹을 것이 바닥이 나 이틀이나 먹지 못하다 보니 눈앞이 아찔하여 쓰러질 것만 같았다. 그래도 간신히 지친 몸을 이끌고 밥 한 술이라도 빌어먹으려고 한 낡은 집을 찾아 들어갔다. 그때는 벌써 밤 10시가 넘어 문은 안으로 잠겨져 있었다. 내가 한참이나 문을 두드려서야 불이 켜지며 문이 열렸다. 나는 다짜고짜 나온 사람의 옷자락에 매달려 울면서 금방 북조선에서 넘어왔는 데 배고파 죽을 지경이라고 하였다. 그 사람은 젊은 색시였는데 다행히 조선족이었다. 그녀는 말없이 나를 방 안에 데리고 들어가 먹을 것을 내놓으며 시름 놓고 들라고 하였다. 나는 고맙다는 인사도 할 새 없이 정신 없이 밥을 퍼먹었다. 내가 배를 불리고 고개를 들어보니 방 안에는 새각시 남편되는 듯한 젊은 남자도 있었다. 그들은 나를 매우 동정하여 여기에서 한껏 푹 쉬라고 하였다.

이튿날 그들은 자초지종을 물어왔다. 그리고 여기는 변경지대여서 경찰들이 북조선사람들에 대한 수색이 심하니 붙잡혀 가기 일쑤라고 하였다. 그들은 나에게 또 중국의 형세를 말해 주었다. 나는 그들 보고 연변땅 쪽으로 가 식당일을 하여 돈을 벌 작정이라고 하였다. 그 색시는 나를 중국옷으로 갈아입히고 50원을 주면서 로비에 쓰라고 하였다. 그리고 또 요즈음 중국경찰들이 차량에 대한 수사가 심하니 걸어가라고 신신당부하였다.

나는 그들과 작별하고 부르튼 발을 끌며 며칠이나 걷고걸어 연길이라는 번화한 거리에 도착하였다. 이곳에는 조선족들이 많아 정말 조국으로 돌아간 기분이었다. 그런데 일거리를 찾으려고 식당을 돌아다녀도 누구도 나를 늙었다며 받으려 하지 않았다. 내가 이렇게 정신없는 사람처럼 길거리를 방황하고 있는데 한 40살 되는 아주머니가 나보고 좋은 일자리가 있으니 소개해 주겠다고 하였다. 그는 나를 데리고 몇 시간을 걸어 한 초라한 오막살이 집으로 들어갔다. 그 집에는 한 40세 되는 남자와 그의 어머니 되는 듯한 노친이 있었다. 그 아주머니와 그들은 바깥으로 나가 한참 쑥덕거리더니 아주머니는 어디론가 가 버렸다. 후에 안 일이지만 그 아주머니는 나를 1,000원에 그 홀아비한테 팔아먹은 것이었다.

그 남자는 나를 괜찮게 대해 주었는데 집이 어찌나 가난한지 이때까지 새 양말 하나 사서 신어보지 못하였다. 그저 먹는 것이 조선보다 많이 나았을 따름이었다. 나는 지금 북조선에 도망쳐 다시 돌아가자니 집 식구들에게 보탬이 될 돈도 마련하지 못했거니와 남편을 볼 면목도 없다. 애들은 죽었는지 살았는지…… 가슴이 찢어지는 듯하다.

함경북도 부령군, 38세 여성/455

1997년 12월, 압록강을 건너 중국 장백현에 왔다. 나는 그곳에서 하루를 묵고, 안도현인 이곳까지 와서 고마운 할머니 한 분을 만나, 그 할머니 집에 있으면서 밭에 나가 일도 해 주고 밥도 지으면서 한 달 가량 있었다. 내가 돈을 벌려고 중국에 온 이상 계속 그렇게 보낼 수 없다 하여 나는 할머니와 작별인사를 하고 연길로 가는 길에 올랐다.

연길에 도착한 나는 사람들이 알려주는 대로 직업소개서를 찾아갔다. 직업소개서에서는 나보고 한 집에서 가정보모를 요구하는데 어떠냐고 하였다. 나는 그렇게 하기로 응낙하고 그 집에 가 빨래하고 밥도 하며 20일 가량 보냈다. 어느 하루는 집주인이 나를 보고 말했다 "이렇게 해서 언제 돈을 모으겠는가" 하면서 한 달에 1,000원씩 벌 수 있는 곳을 소개해 주겠으니 거기로 가지 않겠는가고 하였다. 나는 그 소리에 귀가 솔깃해져서 인차 가겠다고 대답하였다.

그리하여 나는 그 집주인의 소개로 한 남자와 함께 천진으로 가는 차에 올랐다. 우리는 밤낮 이틀 동안 차를 타고 천진까지 가서 차에서 내렸다. 거기에서 뻐스를 타고 어디론가 멀리 골안으로 갔다. 나는 그제야 돈 벌러 온 것이 아니라 팔려왔다는 것을 알았다. 하지만 어쩌는 수가 없었다. 목적지까지 도착하자 웬 한족영감이 마중하고 있었는데, 바로 그 영감이 5,000원에 나를 산 것이라고 하였다. 세상에 울지도 웃지도 못할 일이었다. 나는 거기에서 아무런 자유도 없이 밖에도 마음대로 나가지 못하고 갇히어 있다시피 하여 그럭저럭 여덟 달을 지냈다. 처음 왔을 때보다 이제는 시름을 놓은 모양인지 영감이 어디로 나가고 없었다. 나는 이때다 하고 봇짐을 싸 가지고 정신없이 그 집을 뛰쳐나와 헤매다가 겨우 천진까지 왔다. 천진까지 온 나는 조선족 한 사람을 만났다. 나는 그에게 이런 사연을 말했더니 고마운 그 사람은 나에게 차표까지 사 주면서 연변에 나오는 차를 태워주었다. 그리하여 나는 겨우 이곳까지 찾아왔다. 세상에 집 없이 떠도는 이 설움을 어디에다 말하겠는가? 언제면 우리 조선사람들도 시름을 놓고 살 수 있겠는지……

량강도 혜산시, 46세 여성/313

몇 년 동안 식량난은 우리집 식구들에게 병과 뼈만 남게 했다. 떠도는 말에 의하면 중국에 도강한 후 시집만 잘 가면 집식구들을 돌볼 수 있다는 이론이 있어서 나는 중국 친척이 있는데 남편이라도 행여 잘 만날 수 있겠는가 요행을 바라고 도강해 왔다. 한길에 같이 온 세 친구와 손잡고 무사히 중국 경내에 도착한 즉시로 우리는 잡혀 차에 실려서 층집에서 3일 묵었는데 매일 한두 명씩 증가되었다가도 한둘 씩 가곤 했다.

나는 동포들이 가져온 옷을 입고 차를 타고 왔는데 농촌에서 감자국수 가공하는 일을 하고 있는 50세 되어 보이는 한족이었다. 그는 상처한 지 12년이 되었는데 작은 아들이 13세였다. 나는 림시 있을 곳이 있으므로 매일 집을 건줄하고 낡은 실을 풀어서 뜨개도 떴다. 그는 마음이 후한 사람이어서 늘 나를 일을 하지 말라고 손시늉 했다. 내가 임신된 것을 알고 그는 개인부과병원에 데리고 가서 유산시키고 그 후에 환이라는 것을 넣었다(아이 셋이 있음).

몇 달이 지난 후 나는 남편과 우리집 식구들이 다 굶어죽는다고 손시늉 하면서 눈물을 흘렸다. 그는 며칠 기색이 안 좋았는데, 하루는 인민폐 500원을 주면서 집에 갔다 다시 오라고 손시늉 했다. 나는 두 손을 비비면서 절을 몇 백 번 했는지 알 수 없다. 그도 너무 어이없어 나를 쳐다보면서 두 손을 쥐고 부축해 주었다. 나는 이렇게 이 집을 떠나서 중국 길지까지 왔고, 훈춘이 경위가 약하다기에 밀강해 왔다. 우리는 무엇 때문에 이런 류치한 생활하는지, 우리도 지혜와 힘도 있는데 중국에서처럼 전면적인 개방정책을 실시한다면 얼마나 좋겠는가?

함경북도 길주군, 27세 여성/424

1998년 1월에 청진을 떠나 2월에 삼봉에서 개산툰으로 해서 건너왔다. 그때 처녀 3명이 같이 오게 되었는데, 지금은 도문에서 복무원질하고 있다.

아버지가 사망하고 어머니가 우리 3형제를 먹여살릴 수는 없고 살자 해도 살 능력도 없었다. 모두가 중국에 시집가면 자기 집을 도와줄 수 있다는 말을 듣고 우리 친구들은 남의 눈을 피해가면서 밤차를 타고 삼봉에 내렸던 것이다. 삼봉에 계시는 외삼촌의 알선으로 우리는 무사히 강을 건넜다. 또 중국에 어느 집으로 가면 도문까지 알선해 줄 것이라 하였다. 지금 우리들은 한 음식점에서 아가씨질하고 있다. 술상에서 손님과 같이 술을 마시고 한 상에서 20원씩 팁을 받는다. 또 한자리에 들면 50원씩도 받는다. 어떤 땐 속으로 피눈물 흘릴 때도 많지만 먹고 사는 데는 굶어죽기보다 낫기에 이런 일도 다행으로 생각된다. 다행히 주인은 인심이 괜찮고 우리들을 배불리 먹이고 후하게 대하기에 마음은 안정되고 때론 공안이 올까 봐 두려울 때도 있지만 집주인이 공안과의 관계를 잘 처리했기 때문에 지금은 괜찮다.

중국에 와 있는 기간 우연히 우리 3명을 한 사람이 2,000원에 사 왔다는 것을 알게 되었다. 기실은 인신매매에 걸렸지만, 잘 되지 않던 음식점이 우리로 인해 비교적 잘 되어가고 있기에 주인도 만족하고 있다. 돈을 좀더 벌면(약 1,000원) 한번 조선에 갔다 오려고 생각한다. 돈이라도 가져다 주면 어머니와 동생들은 살 것이 아닌가. 살기만 하면 그 어느 때든지 만날 날이 있겠으니……

지금 도문의 변방에는 조선사람이 너무 많이 붙잡혔기에 음력설 기간 대검사한다던 것을 하지 못했다 하는데 언제나 마음은 조바심으로 속태운다. 제 조국 버리고 타국땅에서 기실 매음녀생활을 하니 어떨 때는 자다가도 꿈틀하며 내가 왜 이래야만 되는지 하면서 눈물을 흘릴 때가 한두 번이 아니다. 전세계 부녀들이여! 하루빨리 우리들을 불더미에서 살려주기를 바랄 뿐이다.

함경북도 청진시, 26세 여성/210

우리 마을은 바닷물 침습으로 몇 년 련속 농사가 잘 되지 않아 배급이 중단된 지 4년 철이 지났지만 지금도 아무런 소식도 없어서 매일 굶어서 길가에서 숨지는 사람들이 점점 늘어난다.

시아버지는 작년에 굶어서 허기증으로 사망하고, 남편은 결핵에 걸렸는데 약품도 돈도 없어서 치료받지 못하고, 불쌍한 시어머님은 매일 집식구들의 끼니를 이어대기 위해 봄부터 계속 산에서 헤매고 다닌다.

나는 중국에 육촌오빠가 있는데 어머니께서 생전에 알려준 옛날 주소가 있어서 도움을 받으려고 수십 번 편지를 보냈으나 회답이 없었다. 실망 끝에 앉아서 죽을 날을 기다릴 수 없어서 편지 세 통을 연이어 부치고 집을 떠나 남양에 와서 보름 있으면서 매일 교문에 나가 기다렸다. 그러다가 같이 도망할 동무를 만나서 삼봉쪽으로 경비가 약하다는 소문을 듣고, 삼봉까지 와서 밤중에 건너왔다.

중국 경내에 들어서자마자 우리는 잡혀서 차에 실려 모르는 곳에 도착하였다. 그곳에서 우리는 중국옷으로 갈아입고 밥을 먹었는데 후에 한 청년이 들어와서 말하기를 지금 변방의 경비가 심해 우리는 동무들을 돕기 위해 이곳까지 왔으니 자기 말을 들으라고 했다.

나는 차에 실려서 어떤 집에 갔는데 집 한 구석에는 60세 넘어 보이는 풍맞은 로인이 누워서 말도 겨우 하는 처지였다. 나는 불행하게 잡혀서 이 아바이 시중을 해야 했다.

집생활은 괜찮은 편인데 자식들이 제각기 제 집을 차지하고 살기에 모친이 사망 후 아바이는 혼자 집에서 있다가 풍맞아 자립 못하기에 나를 2,000원 주고 사왔다고 했다.

나는 갈 곳도 없고 림시 이 집에서 아바이 시중을 들 수밖에 없었다. 아바이는 체중이 무거워 내 힘으로는 대소변도 겨우 받아냈다.

나는 매일 울면서 아바이에게 "남편이 앓아서 돈 벌러 왔으며 집에는 어린자식과 시어머님이 굶고 있다. 할아버지께서 도와주면 집에 갔다 꼭 돌아와서 할아버지 시중 들겠다"고 사정했다. 아바이는 아들에게 전화하여 오게 하더니, 나에게 500원을 주고 빨리 집으로 가라고 했다. 500원을 받고 나는 한없이 울었다. 아들이 일주일 외출 갔다 오는 기간까지 시중들어 달라 하기에 아바이 시중을 계속 하고 있다.

우리는 목숨을 살리기 위해 이처럼 남들의 리용물 장사 물건으로 되어 다닌다. 우리나라가 잘 살면 이처럼 자존심 꺾고 타국땅에서 괄시 당하지 않을 것이다. 우리는 포부도 크지만 지금 이 형편에서는 그 무엇도 운운할 정황이 못된다.

황해남도 룡연군, 34세 여성/196

나는 대학필업생이다. 공부는 많이 하였지만 굶주리는 문제를 해결하기는 어려웠다. 1997년 6월, 나는 결연히 중국에서 온 사람장사꾼을 따라 압록강을 건너 도주하였다. 나는 중국에 오면 꼭 행복한 생활이 펼쳐지리라고 굳게 믿었다. 그런데 생각과는 달리 사람장사꾼은 나를 어느 한 중국의 이름 모를 산골의 남자한테 팔아버렸다. 그 남자는 얼굴이 거무칙칙하고 키는 160cm 초과 못한 난쟁이를 모면한 40세 안팎의 중년이었다. 그는 나에게 알아듣지 못할 중국말을 지껄이며 나를 방에 가두고 자물쇠로 잠가놓고 어디론가 가 버렸다. 밤이 되자 그는 술냄새를 풍기며 굶어서 움직일 맥도 없는 처녀인 나의 몸을 사정없이 유린하였다. 나는 아프고 서러워 날 샐 때까지 울고 또 울었다. 그 남자는 내가 도망칠까 봐 쇠사슬로 나의 발목을 개 기르듯 기둥에다 매 놓았다. 나는 이런 비인간적인 생활을 반년이나 하였다.

나는 말을 잘 듣는 척하며 그의 경계심을 늦추었다. 한 달 전부터 그는 나의 쇠사슬을 풀어놓고 바깥출입을 허락하였다. 그러던 어느 날, 그가 밭일 나간 틈을 리용하여 나는 먹을 것과 돈을 장만하여 난길(오솔길)로 하여 뛰었다. 겨우 큰길까지 다다른 나는 아무 차나 세워 타고 운전수보고 사람 많은 곳으로 실어다 달라고 하였다. 그 운전수는 마음이 고운 사람이었다. 겨우 사람이 붐비는 심양이라는 곳에 이르렀다.

그런데 이젠 호랑이 굴에서 빠져 왔다고 기뻐하였는데 또 무시무시한 함정이 나를 기다릴 줄이야 누가 알았겠는가? 이건 모두 나의 타고난 미모 탓인가 보다. 내가 한참 어디로 갈지 몰라 갈팡질팡하는데 한 조선족 아저씨가 다가와 나에게 식당에서 복무원질을 안 하겠는가고 물었다. 단순한 나는 갈 곳이 없던지라 제꺽 대답하였다. 그는 나를 데리고 차를 몇 번 바꿔 타더니 어느 호화로운 술집 앞에 내리는 것이었다. 그 아저씨는 나를 데리고 멋지게 장식한 작은 방으로 갔다. 그리고는 조금 있다 올테니깐 기다리라고 하였다. 아무리 기다려도 오지 않아 나가 보려고 하는데 문가에 장정 둘이 앞길을 막아서며 나가지 못한다고 하였다. 그날 저녁부터 나는 자유를 잃고 또 남자들의 노리개로 되었다. 분명 또 팔리운 것이었다. 그들은 나에게 바깥으로 나갈 자유도 주지 않았다. 나는 또 도망치기로 결심하였다.

그러던 어느 날 나는 그들이 감시를 늦추는 틈을 타 위생실(화장실) 창문을 뜯고 도주하였다. 나는 아무 택시나 잡아타고 기차역전까지 왔다. 그 술집에서 가만히 모아둔 돈이 퍽 되었기에 기차표를 뗄 수가 있었다. 나는 연변으로 가기로 하였다. 그리하여 지금 있는 이곳에 도착하였다. 이곳은 조선동포들이 많아 고향에 있는 것 같이 친절하였다. 내가 일자리를 찾으려고 식당에 들어가니 주인 아주머니는 나를 뜨겁게 맞아주며 복무원으로 받아주었다.

지금까지 나는 여기에서 근심 걱정 없이 보낸다. 그저 남북이 통일될 그날을 바라며 자유롭고 부강한 조국으로 돌아가고픈 마음이다.

평안남도 대동군, 21세 여성/339

1997년도 함흥에는 전국적으로 제일 심하게 재해를 입었다. 사람이 거의 다 죽다시피 하여 살아남은 사람이 얼마 안 되었다. 그해 우리 아버지와 어머니, 동생까지 다 죽고 없었다. 혼자 남은 나는 혹시나 하여 살 길을 찾아 헤매다가 1997년 9월에 중국으로 건너오게 되었다.

장백현에 있는 한 조선마을에 들어가서 그 집주인의 도움으로 이도백하에서 사는 한 로총각에게 시집가게 되었다. 이리하여 나는 이제는 살았다고 생각했는데 기구한 나의 운명은 그 신세를 면하지 못하였다. 34세 되도록 결혼하지 못한 총각에게 시집간 나는 별의별 고생을 다하였다. 아마도 그 집은 중국에서도 제일 곤난한 집인 것 같다. 그 신세에 매일 외상으로 하루 세 때씩 술을 마시고 주정하며 나를 잡아 두드리는 것이었다. 그러나 나는 이를 악물고 참고 견디었지만 끝내 일은 나고 말았다. 매일 나를 달아나지 못하게 위협한다고 식칼을 쥐고 들락날락하더니 끝내 그 칼로 나의 머리를 내리찍었다. 나는 눈앞이 아찔하며 쓰러져 몇 시간 후 정신을 차리고 보니 병원이었다. 돈도 없는 신세이니 병원에서 치료할 형편도 못되었다. 그리하여 나는 상처를 기벼 맨 후 정적 주사 하나를 맞고 병원에서 나와 시누이 집에서 며칠을 보냈다. 나는 죽어도 조선에 가서 죽겠다 하면서 가겠다고 하자 남편은 나에게 제발 한번만 용서해 달라고 하면서 이제 다시는 술을 먹지 않겠다고 맹세하였다. 나는 마음이 모질지 못하였다. 그가 다시는 안 그러겠다는 맹세에 얼리어 살았다. 하지만 얼마 안 가서 그 모양이 도지기 시작하였다. 하루는 누나가 "술을 마시지 않겠다는 맹세는 어디 가고 또 마시는가" 하자 식칼로 자기 팔을 찍었다. 그 장면을 본 나는 너무도 기절하여 집을 뛰쳐 나와 발길 닿는대로 여기까지 왔다.

그래도 고마운 사람들의 덕분으로, 지금은 식당에서 일하고 있고 매달 200원씩 받고 먹여주고 재워준다. 지금 근심이 되는 것은 어느 때라도 붙잡혀 갈까 봐 걱정이다. 언제면 통일된 조국에서 근심 걱정 없이 살게 되겠는지 그날이 꼭 올 것이라 믿는다.

함경남도 함흥시, 26세 여성/311

북조선에서의 생활은 정말 지겨웠다. 굶주림으로 길바닥에는 어떨 땐 사람 죽은 시체가 널려 있기 일쑤였다. 아버지와 어머니도 몇 달 전에 굶주림을 견디다 못해 세상을 떠났다. 나는 이젠 굶주림에 더는 견딜 수 없었다. 그래서 1997년 8월, 이곳의 여러 사람들과 같이 도주하는 길에 올랐다.

우리는 기차를 타고 신의주까지 간 다음, 어두워지기를 기다려 가만히 압록강을 건너 무사히 중국의 단동까지 왔다. 1년 전 나와 어머니는 친척방문으로 중국 연변을 와 봤기에 나는 그들과 헤어져 친척집에 가려고 결심하였다. 나는 돈이 없어 차표도 못 사고 중국말도 몰랐기에 기차에서 차표검사할 때 떠밀려 내려보내기가 일쑤였다. 그러나 나는 락심하지 않고 이 기차에서 떠밀리면 저 기차에 올라타고, 또 어떤 땐 걸상 밑에 숨어 차표검사를 모면하면서 겨우 연변의 이곳까지 왔다. 나는 이전에 왔던 기억을 더듬으며 끝내는 친척집을 찾았다.

그들은 나를 반갑게 맞아주었다. 내가 그들에게 아버지와 어머니가 굶주림을 이기다 못해 세상을 떴다고 하자 매우 슬퍼하며 눈물을 훔치었다. 나는 이곳에서 여러 친척집을 여기저기 돌아다니며 밥을 얻어먹으며 하루하루를 보냈다. 그런데 이것도 상수가 아니었다. 몇 달이 지나니 그들도 나를 싫어하는 눈치였다. 그러던 어느 날 그들은 상론 끝에 나보고 남편을 얻어줄 테니까 시집가지 않겠는가고 물었다. 나는 비록 내키지 않았으나 대답할 수밖에 없었다. 그들은 나에게 이곳 농촌에 사는 32세 되는 총각을 소개해 주었다. 인물은 괜찮았으나 사람됨됨이가 어떤지는 잘 몰랐다. 그러나 나는 고려도 없이 인차 동의하였다. 그런데 결혼한 후 그의 성격은 점점 조폭해졌다. 술마시고 떡 하면 매를 들이대고 어떤 땐 도끼를 메어들고 나를 죽이겠다고 하였다.

그런데 1998년 1월의 어느 날이었다. 그날도 그는 술을 잔뜩 마시고 와 나를 걸고들었다. 내가 응대를 안 하자 그는 또 도끼를 집어들고 찍으려고 하였다. 나는 그가 찍을 담이 없을 줄 알았는데 불시에 도끼로 나의 머리를 내리찍었다. 상처에서는 선지피가 뿜겨져 나왔다. 나는 그 자리에서 기절하여 넘어졌다. 내가 깨어났을 때는 병원에 누워 있었다. 상처가 다 낫자 나는 친척들 보고 더는 그 집에 돌아가고 싶지 않다고 하였다. 그들은 내가 이제는 임신까지 하였는데 참으며 지내라고 하였다. 나는 하는 수 없이 돌아가는 수밖에 없었다.

나는 지금도 여기서 불안한 나날을 보내고 있다. 한 고통에서 헤쳐 나오면 또 다른 고통으로 빠져 들어가니 내 운명은 왜 이리도 기구한가?

황해북도 황주군, 26세 여성/340

나는 1998년 7월에 도강했다. 원래는 중국에 건너와 옷견지와 량식만 얻어 인츰 돌아가려고 작정하고 왔다. 생각 밖으로 친구 소개로 40세 되는 시골 총각에게 시집가게 되었다. 시어머니와 신랑뿐이었는데 생활은 째지게 곤난하고 신랑이라는 사람은 소학생 수준이다 보니 옳고 그름을 모르는 사람이었다. 어느 하루 시어머님이 너무나 심한 쌍욕을 하기에 내가 한 마디 대꾸했다. 남편은 다짜고짜로 나의 머리채를 잡아끌고 어쩌나 심하게 때리는지 누구도 말릴 수 없었다. 후에는 맥주병으로 나의 옆구리를 쳐 놓아 피가 막 쏟아져 나오니 시어머니는 된장을 붙여 주는 것이었다(그때 임신 7개월이었음). 해산할 시기가 다가와서 병원에 가려는데 시어머니는 "돈이 어디 있느냐. 옛날에도 모두 집에서 해산을 했다"고 하면서 온 마을 아주머니들을 불러놓고 애기를 낳게 했다. 후에 그 아주머니들은 밖에 나가 별의별 말을 다하였다. 그 말이 남편 귀에까지 들어갔다. 나의 남편은 원래 수평이 없는지라 나보고 하는 말이 "너는 밑천이 없는 녀자다" 하면서 천대하였다. 요즈음 가긴 해야 하겠는데 방법이 나지를 않는다. 더는 참을 수가 없다.

함경북도 회령시, 30세 여성/617

1997년 3월에 어머니와 동생 2명이 굶어죽고 혼자 합숙에 있다가 나까지 이 세상에서 없어지게 될 것 같아 살 길 찾아 중국으로 오게 되었다. 3월, 종성에서 도문으로 해서 넘어왔는데 내가 찾아간 집은 중년 부부가 아이 2명 하고 살고 있었다. 그 집 남편은 대경에 음식점 꾸리는 친척이 있는데 그곳으로 가라고 하였고 런달아 사람이 왔다.

30살 되는 청년이었다. 갓 결혼하였는데 신사차림이었다. 나는 중국 사람들은 모두 좋은 사람이라 생각하고 따라 나섰는데 할빈역에 가서는 나를 보고 가방을 쥐고 있으라고 하고, 연변에다 전화치기를 할빈역에서 나를 잃어버렸다고 거짓말하였다. 나는 도대체 무엇 때문에 이런 거짓말 하는가 하는 의심이 들었다. 그리고는 한 여관에 자리잡고 할빈구경시켜 주겠으니 여기서 며칠 놀다 가자고 하고는 그날부터 나를 독점하는 것이었다. 이 사람에 얽매인 신세가 되고 보니 별 수 없이 당하고 말았다.

며칠 후 한족사람이 왔다. 40살이 넘어 보였고 왕가 성을 가졌는데 그한테 나를 넘겨주고는 "이 사람 식당에서 일하게 되었다. 가끔 와 보겠으니 시름 놓으라" 하고 둘이 밖에 나가 이야기하다 그 사람은 떠나보냈다. 결국 한족사람에게 나를 팔아먹고 사라진 것이다. 한 할빈 시골에 있는 결혼도 하지 못한 사람이었고 그 대경사람에게 8,000원을 줬다고 했다.

별 수 없이 그 사람 따라갔는데 혼자 사는 신세니 집세간이 말이 아니고 더럽기로 근본 앉아 있을 수 없었으며 집안 냄새에 구역질이 나 견딜 수 없었다. 그 사람은 집에 들어오기 바쁘게 사람을 못살게 굴었고 밤이고 낮이고 나를 재우지 않고…… 나는 하신의 아픔으로 울었으나 사정 봐 줄 인간이 아니었고 말도 통하지 않으니 어쩔 수 없었다. 한 달 정도 못살게 굴더니 좀 맥이 풀렸는지 밤이면 조금씩 재웠고 울타리에도 조금씩 출입시켰으나 달아날까 봐 항상 대문을 안으로 채우고 있었다. 나는 하신이 너무 아파 걷지도 못할 정도니 달아나려 해도 달아날 수가 없었다.

이런 비인간적 생활을 몇 달 하고 나니 더 살고 싶지도 않았지만 그런다고 막무가내로 죽을 수는 없었다. 임신되고 나니 경각성이 좀 늦춰지고 채소도 사러 가끔 보내는데 조금만 늦어도 인츰 찾곤 하였다. 어느 하루 드디어 기회를 타 할빈으로, 할빈에서 연길로 도망왔다.

조선의 정부여! 하루빨리 회복되어 불쌍한 우리들을 살려달라.

함경북도 청진시, 23세 여성/490

나의 아버지와 어머니는 굶주림에 시달리다 못해 1997년도에 세상을 뜨시고, 언니는 중국으로 량식 얻으러 간다고 한 것이 여태껏 종무소식이다. 언니를 찾아 떠났다가 무산에서 친척의 소개로 중국에 팔려왔던 것이다. 무산에 있는 조선사람이 중국사람을 통하여 전문 녀자장사를 하는 사람이었다. 중국에 건너와서야 나는 이 일을 알았다. 조선사람에게 돈을 얼마만큼 주고, 또 중국사람이 나를 7,000원에 한족사람에게 팔았던 것이다.

그런데 온전한 사람에게 팔았으면 덜 분하겠는데 글쎄 남편이란 사람이 말도 못하고 남자구실을 못하는 사람이며 또한 병신이기에 전부 시중을 들어주어야 하는 사람이었다. 시어머니란 사람은 자꾸 무엇이라고 욕설을 퍼붓는데 한 마디도 알아들을 수 없었다. 너무도 알아듣지 못하니 자주 두들겨 패는 것이었다. 이처럼 맞아서 온몸이 성한 데가 없다. 이렇게 두 달 동안 고생을 하다가 옆집에 연변에서 친척이 놀러왔다. 나는 기회를 보아 그 연변사람을 만나려고 하였다. 어느 하루 시어머니가 상점으로 나간 기회를 타서 무작정 옆집에 뛰어들어 그 연변사람에게 나를 살려달라고 애걸하였더니 그 사람은 나를 찬찬히 보더니 그 자리로 나를 데리고 여기까지 왔다.

그 사람은 중국사람인데 조선말을 좀 알아듣는 것 같다. 내가 연신 "감사합니다" 하고 인사를 하였더니 나에게 50원을 쥐어주면서 손을 흔들며 가라고 하였다. 나는 이렇게 범의 굴에서 빠져 나왔던 것이다. 지금 비록 이집저집 떠돌아다니면서 밥을 빌어먹고 밤에는 우사칸에서 쪼그리고 자곤 하지만 마음만은 편안하다.

함경남도 북청군, 29세 여성/442

우리는 원래 평양에서 살았다. 아버지는 간고한 곳으로 자원하여 온 집식구를 데리고 이곳에 이사온 지 9년이 되었다. 이곳은 교통이 불편하고 농사가 잘 되지 않기로 이름난 곳이었다. 련속 4년 배급을 주지 않아서 할머니와 작은 남동생은 굶어서 사망했다. 매일 자고 깨어나면 마을사람들이 굶어서 죽어 나가곤 하는데 어떤 집은 한 가정이 모두 굶어죽기도 했다. 이 진실적인 사실은 전세계가 알아야 한다.

좀 지나면 우리집 식구들도 이 지경이 될 것이라 생각하고 집을 떠나 돈 벌러 중국으로 왔다. 나는 12월에 삼장에 도착한 후 보초선 부근에 안전한 곳이 있다는 것을 미리 듣고 한밤중에 숨을 죽여가면서 기어 가다가 나무 한 대에 기대어 사방을 살피다가 실오리 같은 전기선에 손이 붙었다. 순간적으로 나도 모르게 소리를 질러 잡혔다. 이틀간 교육받고 나온 후 나는 휘청거리면서 방향을 돌려 무산에서 멀리 떨어지지 않은 칠성리까지 겨우 왔다.

나는 국경을 넘을 때 무산에서 도강하여 오시는 아주머님을 알게 되어 같이 중국 강 유역에 들어섰다. 우리 2명은 앉아서 사방을 살피면서 숨을 겨우 돌려 쉬는데 또 잡혔다.

나는 차에 실려 화룡에 왔다가 또 다시 흑룡강 밀산이란 곳에 팔려 왔다. 39세 총각이었는데 술중독으로 눈알은 빨갛고 매일 가장치기를 하면서 색시방에도 들 수 없는 한심한 남자였다. 나는 이 정도로 된 이상 남자만 똑똑하면 살면서 우리집을 도우려 했으나, 어느 날 어떻게 목마른 죽음을 당할지 모를 처지였다.

집 부모는 혹시 색시 있으면 향대를 부리지 않겠는가 하여 나를 돈을 주고 사왔는데 집안에 불화가 날이 갈수록 심하여 그 집에서도 나를 계속 두었다가 잡히면 더 큰돈을 쓸까 봐 연길에 있는 자기 친동생 집에 놀러가라 하면서 100원을 주었다.

나는 겨우 마귀굴에서 벗어나 조선에서 가지고 온 주소로 온성음식점을 찾아왔는데 음식점 경기가 나빠서 문을 닫고 있기에 지금 노래방에 가서 청소와 채소를 정리하고 하루에 7원을 받는다. 나는 인민폐 300원이면 중고옷을 사가지고 조국에 돌아가서 옷장사를 하여 집식구들을 먹여 살리겠다.

우리 조국이 이 지경이 된 것을 세계 각국에서는 알고 있는지. 알고 있다면 우리를 도와달라. 우리는 춥지 않고 먹을 것만 있으면 자기의 나라를 자기 손으로 건설할 것이다.

자강도 성간군, 28세 여성/195

나는 회령을 거쳐 중국 도문이라는 곳에 오니 새벽 4시쯤 되었다. 나와 그리고 둘 이렇게 3명, 한 사람은 길 안내자로 총 4명이었다. 길 안내자는 숙소까지 정해 놓았던 것이다. 그 길 안내자가 잡은 집으로 들어가니 그 집주인은 반색하여 우리 보고 들어오라고 하였다. 우리는 목이 미어지게 밥을 먹고나니, 준비해 놓았던 옷까지 주며 입으라고 하였다. 그러더니 그 길 안내자와 집주인이 무엇이라 숙덕거리더니 주인이 집을 나갔다. 한참 앉아 있자 남자 3명이 집으로 들어오는 것이었다. 후에 안 일이지만 그 길 안내자와 그 집주인이 결합하여 우리를 팔아먹었던 것이다. 이렇게 우리 3명은 제각기 다 갈라지게 되었다. 한 남자가 나를 데려가는 것이었다. 나는 말없이 따라갔다. 그리하여 나는 그 남자와 살게 되었다. 그 남자는 마음씨가 고와, 나를 무척 아끼고 사랑해 주었다. 시어머니도 나를 끔찍하게 생각하여 주었다. 어느 덧 세월이 흘러서 나는 아이를 가지게 되었고, 벌써 9개월이 되어, 내달이면 해산한다. 어머니는 애기 옷을 사 온다, 애기 포대기를 한다고 돌아쳤다.

그러던 중 어느 날 파출소에서 찾아오더니 나를 가자고 하였다. 나는 아무 말도 못하고 차를 타고 파출소에 갔다. 가 보니 벌써 여러 명이 와 있었다. 조선에서 많이 건너오자 북조선에서 잡아서 보내달라는 명령이어서 우리를 잡아다 조국으로 보내는 중이었다. 그리하여 막 달을 차고 내 조국으로 잡혀가게 되었던 것이다. 들어가니 보위부감옥이라는 곳에 우리를 가두었다. 나는 이렇게 10일 감옥에 갇혔다가 집으로 갔다. 나는 할 수 없이 거기에서 아이를 낳았다. 그런데 아이는 거꾸로 나오느냐고 죽었던 것이다. 어머니는 내 팔자를 한탄하여 울고 또 울었다. 나는 또 배를 출출 굶으며 살아가기가 아득하였다. 하여 생각하다 못해 어머니에게 말하고 그때 오던 길로 다시 중국으로 건너왔다. 나는 네 발 걸음으로 내가 살던 집에 갔다.

나의 남편되는 사람은 신경병으로 앓고 있었다. 내가 들어가니 깜짝 놀라하며 어떻게 왔는가 하며 물었다. 그 동안 내가 겪은 이야기를 남편에게 하였더니 살아 왔으니 됐다고 말하였다. 나는 이렇게 한번 붙잡혀 갔다오니 무척 겁이 났다. 지금 바깥에도 나가기 싫었고 누가 꼬장질할까 봐 겁난다. 돈만 있으면 중국에서 호구도 해결할 수 있다는데 우리는 가정이 곤난하여 호구를 할 엄두도 못낸다. 나는 어느 때까지 숨어 살며 언제 또 잡혀갈지 모르는 두려움 속에서 살아야 하는지. 언제면 부모형제들이 사는 내 나라 내 땅에서 살게 되겠는지. 하는 생각을 하느라면 눈물이 하염없이 흐른다.

함경북도 새별군, 여성/523

나는 작년에 살 길을 찾아서 중국에 계시는 백부집에 왔다가 형제들의 도움으로 연길 교구 농촌으로 시집갔다. 시집 부모님과 남편을 잘 만나서 2번이나 남양 교두를 통해 우리집에 량식을 지원해 주었다. 내가 시집온 마을에도 우리 조국에서 온 동포들이 있었다. 공안에서 검사를 오면 서로 련계를 달아주어 이미 준비했던 숨을 곳으로 숨어 버리곤 했다.

나는 이미 애기까지 있다. 금년 2월 초에 공안에서 또 수색하러 왔는데, 해산 직후라 급히 숨다보니 제대로 옷을 입지 못했다. 그러다보니 산후풍을 앓게 되어 개인의사 치료를 받았다. 의사의 밀고로 깊은 밤중에 잡혔는데 이미 붙잡힌 사람들이 30여 명 되었다.

나는 달아날 기회를 살피다가 주의하지 않는 기회를 엿보고 도망하여 백부집에 와서 자초지종을 이야기하니 백부님은 나의 오빠를 보내어 시집마을 동태를 살피러 갔는데, 남편은 구치소에 들어가고 벌금 5,000원 내라고 통지서가 왔다 했다. 나의 시아버지는 흑룡강성에 자기 동생이 있는데 우리 둘과 아이를 그곳으로 보내어 살게 하려고 지금 다니고 있다 했다.

중국에서는 자유결혼이어서 다른 나라 사이에도 마음 맞으면 혼인할 수 있는데, 인민들을 먹여살릴 수도 없는 정황에서 이런 방법이라도 취하여 인민들이 먹고 있고 살 수 있게 했으면 얼마나 좋겠는가.

날이 갈수록 굶어죽는 사람은 증가된다. 우리 백성들은 세계 각국의 지원을 간절히 부탁한다.

함경북도 청진시, 26세 여성/422

1998년 1월, 나는 중국에 왔다. 돈이라도 벌어 부모님과 동생들 살리려고 생각했다. 처음 남의 소개로 동성에 시집오게 되었다. 남편이란 사람은 일하기 싫어하고 도박에만 정신팔린 사람이었다. 도박하다 다 털리면 집에 돌아와 나를 못살게 굴었고, 때리기도 했다. 하루 이틀도 아니고 매일이다시피 하는 그 성화에 못 이겨 도망갔다.

지금 이 집에 오게 되었는데 시부모들과 남편은 나를 몹시 사랑하고 있다. 그런데 며칠 전에 파출소에서 왔다는 사람들이 우리집에 들어와 다짜고짜로 나를 잡아가겠다고 하기에 남편은 빌었다. 그랬더니 벌금 2,000원 하면 놓아준다고 했다. 이집저집 다니면서 2,000원을 꾸어 줬더니 돌아갔다.

이제 또 언제 검사하러 올지 모르니 근심뿐이다. 중국정부에서 우리 같은 사람들을 좀 살게 할 수 없을까? 무엇 때문에 벌금을 하면 놔두고 돈이 없으면 붙들어가고 그러는지? 이제는 조국에 돌아갈 수도 없다.

함경북도 회령시, 25세 여자/203

나는 살 길을 찾으려고 동무와 같이 도강하여 도문시에 도착하였다. 일자리를 얻으려고 이집저집 돌아다니는데 40세 되는 사람을 만났다. 그는 나를 자기 집에 데리고 갔다. 저녁에 그 사람은 나더러 흑룡강성 밀산시에 시집가지 않겠는가고 물어보았다. 나는 그 먼 곳에 가지 않겠으니 이곳에서 일자리를 얻어달라고 했다. 일하다가 붙잡히면 조선에 압송되어 가고 집주인이 벌금 10,000원을 한다고 하며 나더러 밀산에 가는 것이 제일 안전하고 고생도 절대 하지 않는다. 재삼 권고하기에 나는 일

사리도 찾지 못하여 빌어먹으며 하루하루를 지내는 신세인지라 앞으로 어떻게 되겠는지 모르겠으나 할 수 없이 승낙하고 그 다음날에 그 사람을 따라 밀산시 부근 농촌 집에로 떠났다.

그 집에 가 보니 겉보기에는 괜치 않았으며 나의 남편 될 사람도 키가 크고 인물이 괜치 않았다. 나는 그 남자에게 시집오겠다고 승낙하니 나를 데리고 간 사람은 자기 집에 돌아갔는데 눈치를 보니 그리 잘 아는 사이도 아니었기에 정녕 나를 그 집에 판 것이 분명하나 얼마나 되는 돈을 받았는지는 알 수 없었다. 나는 이 집에서 벌써 근 반년을 생활하였는데 나의 남편은 인물 체격은 좋으나 일하기 싫어하고 술마시기를 좋아하고 화투치기에 겨울을 보내고 있었다.

나는 아무 말 없이 가무 일을 하고 있노라니 집 생각만 났다. 16세 되던 나의 남동생이 너무도 배가 고파 집을 떨쳐나가 '꽃제비' 무리에 들어가 길바닥에서 먹을 것을 찾고 있는 것을 생각하니 가슴이 아프다. 집 식구들이 다 굶어죽은 것 같아서 남몰래 얼마나 많은 눈물을 흘렸는지 모르겠다. 우리 조선이 식량곤난이 해결되어 친인들을 만나 볼 기회가 있겠는지 모르겠다. 나는 그날을 안타깝게 기다리고 있다.

황해남도 장연군, 23세 여성/354

굶주림의 행렬, 국경을 넘는 사람들

강을 건너는 사람들, 벼랑 끝에 몰려 더 이상 물러설 곳이 없는 이들
이제는 '앉아서 죽을지, 강을 건너다 죽을지'의 선택만 남았다.
쉽사리 건너는 것을 허락하지 않는 저 압록강과 두만강.
그러나 이제 아무것도 두렵지 않다.
겨우 걸음마를 익히는 사랑하는 딸을
죽음이 기다리는 기차역에 내려놓고 등을 돌려도
발걸음이 떨어질 수 있다.
그런데 그 무엇이 두렵단 말인가?
이렇게 그들은 단지 살고 싶을 뿐이다.

1998년 1월, 나는 어머니와 함께 중국으로 왔다. 조선에 있을 때, 정말로 굶주림에 시달릴대로 시달렸다. 너무 배고플 때면 풀뿌리와 나무뿌리를 닥치는 대로 먹었다. 그것도 없을 때는 맹물로 허기를 달래야만 했으며, 련속된 굶주림으로 나는 겨릅대처럼 바싹 말라 바람이 불면 날려갈 듯하였다. 어머니는 내가 여윈 모습을 더는 볼 수 없다면서 중국으로 도주하자고 하였다. 아버지는 벌써 1년 전에 우리를 버리고 행방불명이기에 어머니와 나만 도주의 길에 올랐다.

홑옷을 입은 나는 추워 부들부들 떨었다. 우리는 걷기도 하고 차를 타기도 하며 두만강까지 왔다. 강물은 땅땅 얼어붙어 유리와 같았다.

나와 어머니는 풀숲에 가만히 엎드려 어둡기를 기다렸다가 얼음강판에 올라 살금살금 걷는데 그만 경비원들에게 발각되었다. 어머니는 나보고 "빨리 죽기내기로 뛰어라"고 하였다.

나는 겁이 더럭 나서 뒤도 돌아보지 않고 젖먹던 힘까지 내어 뛰었다. 뒤에서는 총소리가 어지러이 났다. 내가 정신을 차리고 멈춰섰을 때는 어떤 황량한 벌판이었고, 어머니는 그림자조차 보이지 않았다. 나는 콧물 범벅이 되어 '어머니'를 부르면서 목적 없이 앞으로 걷고 또 걸었다. 얼마나 걸었는지 앞에 인가가 보였다. 이때는 벌써 이튿날 점심 때였다.

길 가던 한 아주머니가 나의 모습이 너무도 가긍해서인지 자기 집으로 데리고 가 밥을 먹여주었다. 그리고 불까지 후끈후끈하게 때어 나의 언 몸을 녹게 하였다. 그 아주머니는 자초지종을 듣고 나서 참 불쌍한 애라며 눈곱을 찍었다.

나는 아주머니에게 어머니가 그전에 말하기를 중국 연변의 안도에 친척이 있다고 했으니 거기로 가겠다고 하였다. 아주머니는 나보고 며칠 간 푹 쉬고 가라고 하였지만, 나는 어머니 생각이 간절하여 이튿날로 그 집을 떠났다.

아주머니는 나에게 100원을 쥐어주며 차에까지 실어주었다. 나는 울면서 아주머니와 작별하였다. 옆에 앉은 사람들에게 물어보니 여기는 장백현이라는 곳이었다. 나는 버스 가는 대로 내맡겼다. 어머니의 생각이 간절하였다. 그 친척집을 찾으면 어머님이 거기서 나를 기다리리라는 희망을 품고 있었다.

나는 안도에 내렸다. 그러나 친척집의 상세한 주소를 몰랐기에 찾을 길이 막막하였다. 며칠이고 길바닥을 헤매며 정처없이 돌아다니다 돈도 다 써 버리고, 배고픔에 시달려야 했다. 식당에 들어가 먹을 것을 좀 구걸하자니 그들은 나를 거지애로 취급하며 내쫓았다. 그러던 어느 날 내가 주린 배를 달래려고 쓰레기상자에서 먹을 것을 뒤지는데 한 70여 세 나는 아바이가 와서 자기도 무엇인가 뒤지는 것이었다.

그는 나를 물끄러미 바라보더니 조선말로 "어린 나이에 왜 떠돌아다니느냐"고 물었다. 내가 흐느끼며 북조선에서 도망한 경과를 말하자, "참 불쌍하다. 나도 쓰레기를 주워 팔아 하루하루를 연명하고 있으니 별 방법이 없다"면서 기독교당으로 안내해 주었다.

그곳 사람들은 내 경력을 듣고 따뜻이 맞아주며 밥도 무료로 먹여주고 새 옷도 사주었다. 지금까지 나는 여기에 있으면서 그들의 보살핌을 받고 있다. 그저 어머니 생각이 간절하다. 언제면 어머니와 만나겠는지. 어머니가 보고프다.

함경북도 길주군, 12세 남성/338

우리집은 다섯 식구인데 그 중에 2명이 사망하고 큰동생은 부대에 갔으며 작은동생과 아버지는 허기증으로 작년 봄에 세상을 떠났다.

굶주림과 추위는 우리를 계속 위협하였다. 나는 생각 끝에 집에 계속 있으면 죽음의 길밖에 없어 어머니를 모시고 물살이 세지 않고 보초선을 건널 수 있는 삼봉을 통해 중국에 가려고 도강의 길에 올랐다. 물살은 세지 않았지만 물이 가슴까지 오니 몸을 움직이기가 힘들었다. 어머니와 나는 물에 밀려 내려갔다. 나는 어둠 속에서 물을 따라 내려가면서 살펴보았으나 어머니를 찾을 수 없었다. 나는 강기슭에서 울다가 나도 모르게 기진맥진하여 쓰러졌다. 고기 잡으러 온 한 할아버지 도움으로 나는 죽지 않았다. 또 할아버지 딸의 소개로 식당에서 밥을 짓고 채소도 씻고 청소도 해 주면서 한 달에 300원을 받고 있다. 나는 돈을 손에 쥐고 조국에 돌아가서 어머님을 찾아보겠다. 나의 어머니와 동생, 아버지처럼 된 우리 조선백성들은 헤아릴 수 없이 많다.

우리 동포 여러분! 우리 인민을 도와달라. 우리는 이 난관을 돌파하려면 외국의 방조가 없으면 살기가 힘들다.

함경북도 온성군, 30세 여성/092

나는 3년간 기아에서 허덕이다가 여섯 식구 중 남편과 시어머니, 시아버지, 막내딸을 잃어버렸고, 큰아들은 군대에 나갔으며 12세 난 딸애와 나만 집에 남게 되었다.

산나물을 주식으로 먹다가 그것마저 시기가 지나 캘 수 없게 되자 소나무껍질로 송기떡을 해 먹었는데 딸애가 변비가 심하여 더는 먹을 수 없게 되었다

나는 할 수 없이 딸만 데리고 중국에 오려고 도강의 길에 올랐다. 강변에 와 제일 얕은 곳을 찾아 딸의 손을 쥐고 물에 들어 섰는데 강 중간쯤에 오니 물살이 너무 심하여 우리들은 넘어진 후 물에 밀려 떠내려갔다.

정신을 차리고 보니 강 유역에 나와 중국쪽에 붙였는데 물을 많이 먹어 움직일 수 없었다. 움직일 수 있을 때까지 얼마간 있다가 일어나 딸을 찾았으나 어디로 밀려 내려갔는지 찾을 수가 없었다. 오후 1시쯤 되어서부터 강을 따라 내려가며 딸을 찾았지만 어두워질 때까지 찾지 못하였다.

나는 점심도 먹지 못하였기에 기진맥진하여 울 맥도 없어 속으로 눈물을 흘리면서, 그날 밤은 강 유역에 쓰러져 있었다. 이튿날 날이 밝게 되어서 고기 잡으러 온 로인이 나를 보고 곁에 와서 정황을 듣고 자기가 싸 가지고 온 점심밥을 나에게 주었다.

그 로인은 10원까지 주면서 목적지를 찾아가라고 하였다. 나는 밥을 먹고 쉬었다가 걸을 맥이 나니 길을 떠났다. 천신만고 끝에 시내에 들어왔으나 친척도 없기에 이집저집 돌아다니다가 한 음식점에서 나를 받아 주었다.

음식점 주인은 나더러 한 달만 일하고 로비가 되면 흑룡강성에 들어가라고 하였다. 이곳은 변경지구이므로 안전하지 못하고 붙잡히면 조선으로 압송되어 가고, 자기도 벌금을 물어야 한다는 것이다. 나는 그 집에서 한 달 가량 일하고 200원을 받아 흑룡강성 녕안시에 들어와 지금까지 조선족이 꾸리는 국수집에서 일하고 있다.

저녁 잠자리에 누우면 기아에서 허덕이다가 이 세상을 너무 일찍이 떠나간 친인들의 생각에 잠을 이룰 수가 없다.

함경남도 북청군, 41세 여성/567

나의 부모님은 두 분 다 50세 퍽 넘었다. 산나물로도 끼니를 거를 때가 많았다. 나는 삼대독자인데 장가든 후 지금 딸 하나가 있다. 하루는 아버지께서 "우리 같이 있다가는 모두 굶어죽게 되는데 우리 임씨네 대가 끊긴다. 우리 늙은이들 걱정은 말고 너희들끼리 걸어서 국경을 넘어 가거라" 하면서 길을 상세히 알려주었다. 어머니가 준비해 준 피나무껍질 미싯가루를 비닐박막 쪼박에다 싸 넣고 옥수수 미싯가루도 한줌이나 넣었으며 산나물 말린 것을 동여서 배낭에 지고 딸애를 업고 우리는 어딘지 잘 알 수도 없는 길을 떠났다.

약 20여 일 걸어도 그냥 산이고 마을은 없었다. 배낭에 지고 온 피나무껍질 미싯가루도 거의 다 먹게 되어 산에서 풀을 뜯어먹었다. '산짐승이 우리를 잡겠으면 잡으라' 하고 산 속에서 자고 깨어나서 또 걸었다. 나이 어린 딸애는 길가에서 굶고 기진맥진하여 설사를 하다가 사망하여 길에다 묻었는데도 눈물이 말라 울음도 나지 않았다.

약 일주일 걸으니 산간마을이 보이는데 중국인지 조국인지 구분도 못하고 우리는 마을에 들어섰는데 아직까지 조국에서 헤매고 다녔다. 이 마을은 그래도 감자도 있고 도야지도 길렀다. 이 마을에서는 변소가 없고 도야지 굴에 가서 대변을 보면 도야지가 먹어버렸다. 우리 둘은 이 집주인의 방조하에 올바른 길을 따라 마침 중국 이도에 도착하여 중국 동포들의 도움으로 남루한 옷을 바꾸어 입고 신도 바꿔 신고 민보까지 도착하여 사돈집 방조하에 조양천에 계시는 오촌아즈바이를 찾아서 지금 큰방조를 받고 있다.

외국에 있는 동포 여러분! 지금 우리 량강도는 매일 많은 사람들이 굶어죽고 있다. 우리 인민들을 힘껏 도와주면 우리 조선민족도 세계를 진감시킬 때가 있을 것이다. 후에 꼭 만나자.

량강도, 32세 남성/423

수년간 배급도 신봉도 나오지 않으니 우리집은 다 파산되고 말았다. 시부모님은 모진 고생을 하다가 사망하고, 나는 해산 후 영양부족으로 산에 산나물을 캐러가지 못하게 되자, 남편은 중국으로 먹을 것을 구하러 갔는데 근 일년이 되어도 아무런 소식이 없다. 나는 할 수 없이 돌이 금방 지난 아이를 업고 중국에 가기 위해 집을 떠났다.

강변에 거의 도착했는데 아기가 울기에 할 수 없이 울음이 그칠 때까지 기다렸다가 아기가 잠든 사이 다시 길을 떠나 강 유역에 도착하였을 때는 이미 날이 어두워졌다.

얼음강판에 엎드어 기어서 겨우 붙잡히지 않고 중국땅에 들어서서 안도의 숨을 쉬고나니 애기 생각이 났다. 그런데 아이는 나의 잔등에서 아무런 기척도 없었다. 불길한 생각이 나서 다급히 아이를 내려보니 아이는 이미 숨져 몸은 선선했다. 돌이켜 생각해 보니 아이가 울음을 끝내고 잠든 것이 아니라 그때 이미 숨이 넘어간 것 같았다.

나는 인기척 하나도 없는 무시무시한 강 유역에서 혼자 아이를 끌어안고 속으로 흐느끼며 울다가 다시 정신을 차리고 아이를 눈을 모아 묻어놓고 마을을 찾아 들어갔다.

발길이 돌려지는 집에 들어가니 그 집에는 로인 두 분이 계셨다. 나의 정황을 듣고 깊은 동정을 표하며 인차 더운물을 마시게 하고 천천히 밥을 먹으라고 하였다. 나는 그 집에서 자고 이튿날 아침에 로인이 주는 로비를 가지고 시내에 들어왔다.

나는 일생 겪어보지 못하고 들어본 적도 없는 생각할수록 저절로 몸서리나는 헤아리기 어려운 고생을 겪어 지금은 한 음식점에 일하고 있다.

나는 중국정부는 살기 위해 도강해 온 우리 조선사람을 붙잡아 조선에 돌려보내지 말기를 희망한다.

함경북도 김책시, 28세 여성/398

나는 서로 의지해 살던 어머니마저 굶주림으로 세상을 떠나자 더는 북조선에서 살고 싶지 않았다. 내가 도주한 날은 1997년 8월, 무더운 밤이었다. 아직도 기억이 생생하다. 그날 나는 보초를 서는 군대들이 저녁밥을 먹으러 간 틈을 타 죽기내기로 앞으로 뛰었다. 그런데 여러 날의 허기로 불시에 정신이 흐려지며 돌에 걸려 넘어졌는데 발목이 그만 부러졌다. 그래도 나는 이를 악물고 아픈 다리를 끌며 끝내 삼엄한 경비를 벗어났다.

　나는 중국의 삼합촌이라는 곳을 거쳐 조선동포들이 많이 산다는 연변땅에 가려고 생각하였다. 그런데 발목의 아픔은 하루하루 더해 갔다. 설상가상으로 날씨가 무덥다보니 끊어진 뼈가 곪아 피와 고름이 줄줄 흘러나와 몰골이 말이 아니었다.

　나는 지팡이를 집고 허기에 찬 몸을 가까스로 지탱하며 길을 물어보며 가고 또 갔다. 마음씨 고운 중국사람들이 밥도 주고 로비도 보태준 보람으로 겨우 연변땅의 안도까지 도착하였다. 나는 길을 물어보려고 한 골목의 상점으로 찾아 들어갔다.

　상점 주인은 50여 세 난 아주머니였다. 그는 나의 피골이 상접한 모습과 피와 고름이 흐르는 발을 보더니 혀를 쯧쯧 차며 어찌된 영문인가 하고 물었다.

　나는 북조선에서 도주한 경과를 울면서 말하였다. 그 아주머니는 눈물을 훔치며 금후에는 어쩔 타산인가 하고 물었다. 나는 망연히 골을 흔들며 앞길이 막막하다고 말하였다. 그 아주머니는 "여기에선 북조선사람들에 대한 수색이 심하다. 농촌에 친척이 있는데 편지를 써 줄테니 거기에 가서 남들의 밭일을 거들어주고 소도 방목해 주면 밥벌이를 해결할 수 있으니 소개해 주겠다"고 하였다.

　그리고 나를 뻐스역에 데려다주고 100원까지 쥐어주었다. 나는 너무도 감격하여 목이 메여 눈물을 쏟으며 그 아주머니한테 꾸벅꾸벅 몇 번이고 절을 하였다.

　지금까지 나는 그 아주머니가 소개한 이곳에서 근심 걱정 없이 살고 있다. 하지만 때때로 이국땅에서의 남모르는 서러움도 많다. 언제면 통일된 조국으로 돌아가려는지……

　꿈에도 바란다.

함경북도 회령시, 21세 남성/309

북조선에 있을 때 나와 남편 그리고 4세 난 딸과 함께 살았다. 나와 남편은 모두 직장이 있다지만 로임을 받지 않은 지가 여러 해 되었다. 생활은 매우 쪼들려 우리 3명은 모두 누렇게 야위어 갔다. 우리는 그래도 살아보려고 풀뿌리를 캐어 옥수수가루에 섞어 죽을 쑤어먹었다. 그것도 정말로 죽음을 각오하고 먹어야 한다. 왜냐하면 어떤 풀뿌리와 풀잎은 독이 있어 먹고 죽었다는 소식을 들었기 때문이다. 다행히 내가 캐온 풀뿌리는 독이 없는지 모두 무사했다.
　나의 남편은 본래 위병이 있는데 이런 잡탕을 먹은 후에는 위가 아파 식은땀을 뚝뚝 떨구었다. 철없는 어린 것은 또 이런 죽은 맛이 없으니 맛있는 것을 해 달라고 앙앙 울어대었다. 나는 속으로 눈물을 삼키고 매를 들이대며 억지로 딸에게 죽을 먹였다. 남편은 몇 달 후 위병이 더 엄중해져 들어누워 시름시름 앓더니 약 한 알도 먹지 못한 채 영영 나의 곁을 떠나고 말았다. 나는 남편의 시체를 붙잡고 울고 또 울었다.
　그의 후사를 마친 나는 중국으로 도주하기로 결심했다. 여기에 있다간 언제 죽을지 모를 일이기 때문이다. 1998년 2월, 나는 먹을 것을 조금 장만해 가지고 딸애를 들쳐업고 도주의 길에 올랐다. 나는 이를 악물고 걸어서 가기도 하고 차를 타기도 하며 끝내 혜산의 변경지대까지 왔다. 딸애는 배가 고프고 추위에 떨어 감기까지 걸려 인사불성이 되다시피 하였다. 나의 발은 얼어버려 터진 자리에서 피고름이 흘러내렸다. 나는 밤중의 어두움을 리용하여 무사히 도강하여 중국의 장백현이라는 곳에 도착하였다. 나는 극도의 배고픔으로 길가에 정신을 잃고 쓰러졌다.
　내가 눈을 떴을 때는 따뜻한 구들 위에 누워 있었다. 온몸은 쑤시는 듯 아파왔다. 나는 아픔을 무릅쓰고 허겁지겁 일어나 딸애를 찾았다. 옆에 앉아 있던 60여 세 난 할머니가 나를 눌러 눕히고 딸애는 열이 하도 심하기에 령감을 시켜 진료소에 보냈다는 것이었다. 나는 그제야 눈물을 머금고 할머니에게 백배사례 하였다. 나는 이곳에서 며칠 묵으면서 발의 동상을 치료하였다. 이젠 딸애의 감기도 씻은듯이 나아 완전히 회복되었다. 나는 그들에게 더는 폐를 끼칠 수가 없어 떠나야겠다고 하였다. 그런데 그들은 그게 무슨 말이냐며 같은 동포인데 곤난이 있을 때 도와주는 것은 당연한 일이라며 몇 달 여기에서 푹 쉬고 가라고 하였다. 매일 우리에게 고기국도 끓여주고 새 옷도 많이 사주는 것을 보니, 이 집은 대단히 잘 사는 것 같다. 그들은 나를 친딸처럼 대해 주고 딸애를 친손녀처럼 귀여워하였다. 나는 두 달이 지난 후 더는 폐를 끼칠 수 없다며 기어이 떠나 돈 벌러 가겠다고 하였다. 그들은 나를 더 막아내지 못하겠는지 자기 아들과 며느리가 연변에서 식당을 꾸리고 있으니 거기에 가서 일거리를 찾으라고 하며 글쪽지를 써 주며 아들한테 전화로 련계해 주겠다고 하였다. 그런데 딸애를 데리고 가면 부담이 될 터이니 령감 모친이 적적하던 차에 여기에 두고 가라고 하였다. 딸애도 두 로인에게 정이 들어 그곳에 남겠다고 하였다. 나는 두 분의 로인과 딸애와 눈물을 뿌리며 작별하였다. 내가 지금 일하고 있는 식당에 도착하니 그 로인의 아들과 며느리는 나를 매우 동정하여 따뜻이 맞아주었다. 그리하여 나는 지금까지 여기에서 근심 걱정 없이 일하고 있다. 때로 딸애가 그리울 때면 전화를 쳐 목소리를 듣곤 한다. 그저 지금 나는 남북이 통일될 그날만을 고대한다.

함경남도 리원군, 28세 여성/453

조선의 생활은 말이 아니었다. 굶주림으로 허덕이다 못해 길바닥에 쓰러져 죽은 사람을 볼 때가 일쑤였다. 또 거리마다 기차역마다 굶주린 배를 부여잡고 때투성이인 거지 꽃제비들이 천지였다. 그 꽃제비들은 거의 다 아버지나 어머니가 없거나, 있다 해도 키울 힘이 없어 내버린 아이들이었다. 먹을 것이 없어 들판에 풀뿌리나 벼뿌리까지 다 파다 삶아 먹는 형편이니 어찌 사람이 살 수 있겠는가? 더 이상 이곳에서 견딜 수 없는 나는 탈출의 길을 선택했다.

1997년 12월, 나와 동생은 아이 하나씩 업고 회령 아래쪽으로 해서 밤 1시경에 강을 건넜다. 절반쯤 왔을 때 동생이 업은 아이가 신이 벗겨지는 바람에 아이는 울면서 "내 신! 내 신" 하고 소리내는 통에 그만 발각되어 뒤에서 지지러운 총소리가 나면서 "서라! 서라" 하고 고함치면서 쫓아왔다. 우리가 중국땅에 들어서고도 30미터나 되게 계속 쫓아왔다. 우리는 정신없이 뛰어 어디까진가 가서 안도의 숨을 쉬고보니 동생이 업고 오던 아이를 버렸다는 것이다.

나는 너무도 기가 막혔다. 그렇다고 동생을 원망할 수도 없었고 또 되돌아갈 수도 없으니 애타는 가슴만 치고 울었다. 일이 이렇게 된 이상 별 수 없이 지친 몸을 겨우 지탱하며 한 집을 찾아 들어갔다. 할머니, 할아버지가 계시는 집이었는데 두 분 다 마음씨가 얼마나 고운지. 우리는 정신없이 쫓기다보니 눈에 발이 얼어서 형편이 없었다. 할머니는 몹시 놀라면서 생콩을 가져다가 손발을 파묻게 하고 천천히 녹였지만 너무 언 탓으로 이튿날부터 발에 물집이 생겼고, 며칠 후 발에서 고름이 나왔다. 한 달을 치료해서야 발이 다 나았다. 지금 나의 발은 쫄아붙어 걷기가 매우 불편하다.

이만해도 고마운 그 할머니, 할아버지 덕분이다. 우리 세 식구는 그 집에 한 달 반 있은 후 안도현인 이곳까지 오게 되었다. 이곳 사람들도 우리를 불쌍히 여겨 집도 마련해 주고 먹을 량식이며 옷들도 가져다주었다.

또 어떤 때 일거리도 찾아 주어 일하면서 그럭저럭 살고 있다. 지금 제일 근심되는 것은 언제라도 붙잡혀 갈까 봐 시름을 놓을 수가 없다. 언제면 우리도 통일된 조국에서 근심 걱정 없이 살 그날이 있겠는지.

함경북도 회령시, 31세 여성/336

나는 10세와 7세 난 딸 둘에 2세 난 아들 하나 그리고 안해와 함께 살았다. 그런데 굶주림에 참지못해 안해가 먹을 것을 얻으러 간다고 떠났는데 일주일이 지나도 돌아오지 않았다. 그 동안 갈 곳을 모두 찾아다녔지만 헛수고였다. 어데 가 죽었는지, 아니면 도망했는지…… 어린 것들이 집에서 배가 고프다고 울어대는 통에 온 사처로 찾아봤지만 풀이란 근본 보이지 않았다. 심지어 나무뿌리마서 찾기 힘든 처지였다. 이렇게 굶어죽을 판에 목숨을 내걸고 도강하리라 마음먹었다. 나는 두 딸의 손을 잡고 아들은 등에 업고 길을 떠났다.

그날은 바로 1998년 4월의 어느 날이었다. 련 며칠 동안을 걸어 끝내 변경까지 왔다. 이제는 지치고 지쳐 일어설 수 마저 없을 정도로 힘겨웠다. 어린 것들이 '맥없다, 배고프다' 하면서 어찌나 보채는지 나는 하는 수 없이 벌벌 기다시피 하면서 먹을 것을 찾아다녔다. 우리는 배를 대충 부리고는 기회를 봐서 도강하려 했다. 사흘날처럼 아들이 잠이 들자 나는 아들을 들러업고 딸애 손을 잡고 강을 건넜다. 얼음이 녹아내린 물인지 차가웠다. 두 딸애는 추워서 벌벌 떨면서도 걸음을 멈추지 않고 소리 한 마디 내지 않았다. 그런데 등에 업혔던 아들이 불시에 일어나서 우는 통에 경찰들이 그 울음소리를 찾아 달려왔다. 점점 힘겨워서 이젠 걸을 수도 없고, 붙잡히면 모두 다 죽는 판에 나는 울며 겨자 먹기로 아들 녀석을 떼 두고 올 수밖에 없었다.

우리는 허둥지둥하면서 끝내 중국으로 건너왔다. 귀여운 아들녀석을 두고 온 것을 생각하니 가슴이 찢어졌다. 나는 정처 없이 돌아다니다 한 마을에 도착했다. 하도 배가 고프고 해서 한 집으로 들어갔더니 그 집에는 금방 1살 난 아들애를 데리고 있는 젊은 부부가 있었다. 사연을 듣고 난 그들 부부는 우리를 불쌍히 여겨 밥도 차려주고 옷도 주는 것이었다.

그런데 그 집 애를 보니 자꾸만 두고 온 아들애가 생각이 나면서 밥을 먹을 수가 없었다. 그들 부부는 정말 마음씨 곱고 인품이 좋은 사람들이었다. 얼마 안 되어 나는 거기서 일자리도 찾고 자그마한 셋집도 하나 맡고 열심히 일하면서 살고 있다.

마을사람들도 시시각각으로 우리를 방조해 주곤 한다. 정말로 고마운 사람들이었다.

함경북도 청진시, 35세 남성/342

1997년 3월, 나는 중국 백룡이라는 마을에 왔다. 얼마나 살기 바쁘면 부모와 처자, 형제를 다 버리고 이렇게 타국에 와서 천대와 멸시를 받으며 살겠는가? 정말 한 민족으로 부끄러운 일이다.
　나는 원래 안해도 있었고 3세 난 딸애도 있었다. 몇 해째 배고픈 고생을 하다 못해 안해는 나에게 쪽지를 써 놓고 나가서 다시 돌아오지 않았다. 아이는 매일 어머니를 찾으며 배고프다고 울지, 나는 어쩔 방법이 없었다. 할 수 없이 나는 독한 마음을 먹고 아이를 안고 사람이 많이 모인 기차역전에 갔다. 그곳에 아이를 내려놓고 종이에다 이렇게 썼다.
　'이 아이는 양부모가 다 없으니 불쌍히 여기어 잘 사는 집에서 길러 주었으면 감사하겠습니다' 라는 글쪽지를 써서 아이 손에 쥐어주고는 아이보고 "아버지가 저기 가서 먹을 것을 사올게. 여기서 기다려라" 하고는 눈물을 흘리며 그곳을 떠나 중국으로 이렇게 왔다. 정작 와서 보니 생각처럼 그리 쉽지 않았다.
　여자의 몸이면 시집이라도 가겠건만 그럴 수도 없고, 아직까지 완전히 정해 놓은 집도 없이 이집저집 다니며 일을 해 주고 밥이나 얻어먹다가 나가라면 할 수 없이 또 다른 집으로 옮기고 하면서 네 집이나 자리를 떴다.
　그러던 어느 하루 운수좋게도 고마운 사람을 만났다. 그는 남조선사람으로 련세는 62세인데 어찌나 정정한지 언뜻 보기에는 50세도 안 되어 보였다. 내가 뻐스역에서 차를 기다리는데 아마도 나의 옷차림과 여윈 모습을 보더니 인차 알았는지 북한에서 오지 않았느냐고 물었다.
　나는 그렇다고 고개를 흔들며 "예" 하였더니 "그래 친척 방문을 왔는가" 하고 물었다. "아닙니다. 나는 친척도 아무도 없이 왔습니다." 그는 또 나보고 "집에 아버지 어머니랑 가정도 있겠지" 하고 묻자 나는 "아버지 어머니는 굶주림으로 시달리다 1996년도에 다 사망하고 나의 가정도 다 헤어지고 없습니다" 하고 대답했다. 그러자 그는 몹시 괴로워하면서 "아무튼 이렇게 만나니 반갑다. 그래 앞으로 어떤 타산을 하고 있는가" 하고 묻자, 나는 "아무 곳에나 발을 붙이고 있다가 좀 따뜻해지면 골안에 들어가 막을 치고 농사나 하면서 살 예산입니다" 하였다. 그랬더니 그는 "그럴 수밖에 없지" 하더니 500원을 주면서 "림시 바쁜 해결을 하라" 하면서 나의 손에 쥐어 주었다.

나는 너무도 고마워서 련신 허리를 굽혀 인사드렸다.

나는 정말 이 모든 사실이 믿어지지 않았다. 왜 그런가 하면 우리 조선에서는 어렸을 때부터 머리 속에 남조선사람을 다 나쁜 놈으로 여겨왔댔는 데 사실 내가 직접 만나보니 그런 나쁜 사람이 아니고 좋은 사람이었다. 조국 같으면 언제 그런 사람을 볼 수나 있겠는가? 전부 남의 것을 훔쳐먹고 빼앗아 내는 판에 형제간 사이에도 죽어가는 것을 보고도 못 본 척하는 세상에 하물며 원쑤로 지내던 우리 북한사람을 이렇게 도울 줄은 생각지 못했다. 나는 정말 영원히 잊을 수 없다.

그리고 또 그는 "우리는 한 겨레 한 동포가 이렇게 고생하고 죽어가다니 정말로 가슴 아픈 일이다" 라고 말하였다.

언제면 통일된 조국에서 그 고마운 사람들과 다시 한 자리에 앉아 볼 수 있겠는지.

함경북도 온성군, 30세 남성/692

몇 년 간 식량곤난으로 시부모님은 갖은 고생을 하시다가 이 세상을 떠나고 말았다. 식량을 해결할 방법이 없기에 할 수 없이 나의 남편은 중국에 드나들며 개인장사를 시작하였다.

그런데 한번은 장사가 잘 되었든 모양인지 아주 기분좋게 집에 들어왔다. 그런데 같이 장사를 하던 동무가 찾아와 불러 나갔는데 그날 저녁에 집으로 들어오지 않았다.

다음날 저녁때가 되어서야 길 옆에서 그의 사체를 발견하였다. 그를 불러낸 동무를 찾아보니 온 집식구들이 어디론지 도망쳤다.

이렇게 되어 나의 남편은 자기의 친한 동무에게 돈 때문에 생죽음을 당하고 말았다. 나는 돌이 채 되지 않는 애기를 데리고 생계를 유지할 방법이 없어서 중국에 친척을 찾아가는 동무를 따라 떠났다.

그런데 애기는 배가 고프다고 울기만 하는데 젖도 나지 않고, 암죽도 없기에 우는 아이를 업고 보초선을 피해 도강할 수 없게 되었다. 할 수 없이 독한 마음을 먹고 애기를 한 집 문 앞에 갖다놓고 도강하여 중국에 왔다.

동무 친척의 도움으로 한 음식점에서 먹고 자고 하루에 7원씩 받고 일하였다. 두 달도 채 하지 못하였는데 주인이 나를 그날 저녁으로 나가라고 하였다. 그것은 밀고가 들어가 나를 붙잡으러 오기 때문이라고 했다. 또 만일 붙잡히면 나는 조선에 압송되어 가고 집주인은 거액의 벌금을 하게 된다는 것이었다.

나는 그날 저녁에 그 집에서 나와 갈 곳이 없어 역전에 나갔는데 어떤 중년 부녀가 내가 조선에서 온 것을 알아보고 이말저말 하다가 흑룡강성에 들어가면 안전하다고 하였다. 있을 곳이 없는 나는 그를 따라 해림시의 한 농촌에 있는 30살 난 로총각을 만나 생활하고 있다.

함경북도 길주군, 27세 여성/471

나는 사람들이 중국으로 많이 간다는 말을 듣고 나도 중국으로 가리라 마음먹었다. 강을 건너다가 국경경비대에게 붙잡혀 보위부감옥에 들어가 매도 많이 맞았으며, 한 달 가량 구류 당했다가 나온 지 한두 달된다. 보위부사람들은 나를 보며 몸을 팔러 간다느니 별의별 욕을 다하고 지나가는 사람마다 발로 차고 때리었으며, 어제는 무릎을 꿇고 손을 뒤에 가게 하고 움직이지 못하게 하였다. 이것은 정말로 참기 힘들었다. 자살하고 싶은 생각도 12번이었으나 그들은 내가 자살할 기회를 주지 않았다. 몸에는 아무 쇠붙이도 지니지 못하게 하였고 밥을 먹을 때도 숟가락 꼭지는 끊어버리고 그것으로 먹게 하였다. 그곳에서의 하루는 일년 같이었다. 그들은 내가 다시는 그런 마음을 가지지 않는다는 담보서를 쓰고 내보내었다.

나는 살아야겠기에 또 장사를 하고 살아갈 길을 모색하였다. 하지만 무엇을 좀 팔자면 또 안전원이나 규찰대에게 빼앗기고 들어 오곤 하였다. 이렇게 몇 번 되니 엄청난 빚이 늘어났고, 빚꾼들은 날마다 나를 찾아와 그들을 피해 숨어다닐 수밖에 없었다. 나는 "될 대로 되라지" 하고 또 한번 도강하려고 마음먹었다. 이번에는 걸리면 아예 죽어버리겠다고 독약까지 몸에 지니고 두만강 옆에 잠복하였다. 나는 경비대들이 해이된 틈을 리용하여 좁은 강폭으로 물살을 헤치고 무사히 강을 건너오게 되었다. 이렇게 강을 건너 사람들이 살고 있는 부락으로 갔다.

　그 다음은 아무도 모른다. 내가 깨어났을 때는 해가 떠오르는 아침이었다. 그 집주인의 말에 의하면 내가 길에 쓰러져 있기에 업고 들어왔다는 것이다. 아마도 지나치게 긴장했던 탓에 길을 걷다가 맥없이 까무러쳤던 것 같다. 나는 사실을 말하였더니 자기네 친척이 안쪽에 있으니 그곳으로 가서 살게 해 주겠다고 하면서 15원과 주소를 적어주었다. 그리고는 한족말로 종이에다가 써 주었다. 한족말을 모르면 잡힐 가능성이 있다면서 말이다. 이렇게 나는 그 집주인이 써준 대로 찾아갔더니 그 집 사람도 반가와하면서 자기네 집에서 운영하는 식당에서 나를 일하게 하였다. 한 달에 400원을 받는다. 400원이면 내 혼자 먹고살고도 남는다. 또 앞으로 내 운명에 대해서는 기약할 수 없다. 잡혀 나갈지 중국인이 될지 알 길이 없다.

함경남도 단천시, 여성/581

　나는 1998년 4월에 한번 탈출했던 적이 있다. 그때 나와 형이 두만강을 건너려고 서두르다가 조심하지 않은 탓에 국경경비원들에게 발각되어 잡히고 말았다. 하여 우리 형제는 보위부에 가서 죽게 매를 맞고 매국역적이니 반역자니 하면서 오고가는 사람까지 치고 밟고 하였다.

　그리고는 우리 가정의 정황을 물었다. 사실 우리 가정의 토대를 보면 혁명가정이었다. 돌아가신 할아버지는 항일투사였고 아버지도 한다 하는 조직의 몸이었다. 하여 그들은 우리를 더 욕하고 때리며 제 애비 에

미를 팔아먹는 망할 놈의 개자식들이라 하면서 얼마나 심문을 당했는지 모른다. 그리고는 형과 나를 차에 실어 로동 개조하는 곳에 보내어 한 달을 건축일 하는 데서 죽지못해 살았다. 그 속에는 우리와 같은 일로 들어온 사람들이 많았다. 우리는 그래도 좀 젊은 청년들이니까 겨우 이겨내지만 련세가 있는 사람들은 먹지 못하고 일이 너무 고되어 병들어 죽는 사람도 하루에 몇 명씩 된다.

사람이 막다른 골목에 이르면 그 무엇도 할 것이 없다. 한 달만에 석방되어 나왔지만 점점 심해지는 굶주림은 우리 형제의 마음을 안착시킬 수 없었다. 하여 우리 형제는 또 한번 탈출할 마음을 먹고 이제 한번 잡히면 죽더라도 앉아서 죽을 때를 기다리고 있을 수 없다면서, 1998년 5월에 집을 나와 밤 12시경에 두만강을 무사히 건너 중국땅에 들어섰다.

우리는 중국경찰들에게 발각될까 봐 산을 몇 개 넘었다. 아침 5시에 산에서 내려와 한 농촌마을에 가서 하루를 묵었다. 마음씨 착한 사람들의 도움으로 중국옷으로 갈아입고 먹을 것을 장만해 가지고 길을 재촉했다. 하여 가다가도 쉬고, 쉬다가 또 길을 재촉하고 밤이 되면 아무 마을이나 들어가서 하룻밤 묵고 하면서 안도현이란 어느 농촌 마을에 정착하게 되었다.

마침 그곳에 빈집이 있어서 마을사람들이 식량이며 구들에 깔 허술한 장판이며 옷가지, 소금, 간장, 기름, 여러 가지 채소 등을 주어 우리 형제는 배를 곯지 않고 산다. 그리고 고마운 동네 사람들의 덕분으로 일거리도 마련해 주어서 볏모도 하고 김도 매 주고 가을에 탈곡도 해 주었더니 이집저집에서 쌀 한 자루씩 주어 그럭저럭 먹을 근심이 없이 보내고 있다. 단 한 가지 근심이라면 사처에서 조선사람들을 붙잡아갔다는 소식을 들을 때마다 가슴이 떨린다. 비록 지금까지는 이곳에 오지는 않았지만 낯선 사람이 날아올까 봐 근심이 되며 수시로 시름을 놓을 수가 없다. 언제면 이런 근심을 하지 않고 마음대로 시름 놓고 살 수 있겠는지.

함경북도 새별군, 26세 남성/547

1998년 1월 말, 나는 화물차 빵통에 앉아 남양으로 왔고 이틀 후인 2월 초, 밤 11시 좌우 철길다리 밑으로 해서 도문으로 건너왔다.

9월 초순 안해가 급병으로 저 세상으로 가자 철부지 아들애만 집에 둘 수가 없어 아들을 데리고 남양을 거쳐 중국으로 오려고 했다. 아들애를 목매하고 갓 강에 들어섰을 때 총 쥐고 서라고 소리치는 바람에 달아난다는 것이 넘어졌다. 아들은 강에 빠졌고 나는 총박쭉에 머리를 맞아 정신이 깜박했다. 나와 아들은 모두 온성감옥에 갇혔다.

고린내 나는 10평 정도의 감방에 갇혀 취조당해야 했는데 7세 난 아들도 몇 번 불려갔다 왔는데 나올 때마다 눈물이 글썽해서 나오는 모습을 보는 내 심정은 반발심으로 불타올랐다. '제 조국 버리는 배신자는 새끼까지 배신자로 키운다' 하면서 머리부터 온몸을 사정없이 때려 지금 허리도 잘 쓰지 못한다. 11일 갇혀 있던 중 청진으로 갔다. 청진에서 중국으로 간 사람들이 제일 많지 않는가 하는 생각이 든다. 청진으로 온 3일 만에 나의 불쌍한 아이가 또 숨지고 말았다. 너무나도 분통한 일이다. 삼대독자로 태어난 하나뿐인 아들도 결국은 땅의 귀신이 되었으니……

누나집에서 잠시 살던 중 더는 지탱할 수 없어 다시 중국으로 가려고 작심했다. 조선 자체가 이 지경이 된 것은 령도자 자체의 무능성이 더 한층 전세계에 알려지는 것이고, 사회주의 우월성이란 이런 것인가? 인민들은 단속하고 자기네는 자기 식대로 마음대로 아무 짓이나 다하여 뢰물받는 데는 이름이 있다. 그 없는 가운데서 량식 1, 2kg 가져가면 안 되는 일이 없다. 이대로 지탱할 바엔 전쟁으로 결속을 짓는 것이 제일 유일한 방법이 아닌지? 군대 자체도 굶주리고 있는 이 세상에서 전쟁하면 죽는 것 역시 무고한 백성이라. 그러나 이 상태를 계속 유지한다 해도 죽는 것 역시 백성이니, 남북통일이 평화통일이 됐으면 하는 생각이 불붙듯 해도 우리로서는 별 수가 없다.

함경북도 청진시, 37세 남성/208

나는 1997년 2월에 한번 도주한 적이 있다. 그때 친구 2명과 같이 도주하였는데 내가 뒤에서 조심하지 않아 미끄러지는 바람에 국경경비원들에게 그만 발각되었다. 그들은 뒤에서 총을 쏘며 서라고 소리쳤다. 친구 2명은 앞에서 죽기내기로 뛰어 무사히 넘어갔지만, 나는 기어 일어나느라고 시간을 늦추는 바람에 불행하게도 붙잡히고 말았다.

그들은 나를 차에 실어 로동 개조하는 곳에 보냈다. 거기에서 나는 집 짓는 일을 하였는데 일이 지쳐 조금만 숨을 돌리려 하면 감시하는 안전원들은 나를 사정 없이 주먹으로 때리고 발길로 차 놓기 일쑤였다. 그런데 매일 일은 그렇게 고되지만 먹을 것이라곤 옥수수 푸대죽이나 그것도 없을 땐 소금물뿐이었다. 그것도 어떤 땐 하루에 한끼밖에 먹이지 않았다. 이곳에서 죽어나가는 사람이 매우 많았는데 나는 그래도 젊은 관계로 넉 달은 견지하고 석방되었다. 내가 풀려 나와서 보니 사람들은 여전히 굶주림에 시달리고 있었는데 넉 달 전보다 더 하였다.

나는 또 다시 한번 도주하려고 결심하였다. 여기에 있으면 언제 굶어 죽을지 모르는 일이기 때문이었다. 1998년 4월, 나는 무사히 두만강을 건너 중국땅에 들어섰다. 나는 중국경찰들한테 발각될까 봐 산으로 하여 길을 찾아 내려갔다. 이곳은 변경지대여서 수사가 심할까 봐 그전에 두 친구와 약속해 뒀던 곳으로 가기로 하였다. 나는 이곳에서 마음씨 고운 사람들의 도움으로 중국옷으로 갈아입고 돈도 약간 장만해 가지고 길을 재촉했다. 천신만고를 겪으며 길을 물어 그곳에 도착하니 두 친구의 소식은 알 길이 없었다. 나는 그곳에 한동안 있으면서 농민들을 도와 모내기도 해 주고 산에 가 땔나무도 해다 주었다. 그 대가로 그곳 사람들은 나에게 밥도 먹여주고 어떤 땐 소비 돈도 조금 쥐어주었다. 나는 이제야 발 편히 잠을 자게 되었다고 기뻐하였는데 불시로 중국경찰국에서 수색하러 와 부득불 도망치지 않으면 안 되었다. 그런데 내가 막 마을 어귀를 벗어나려는데 거기에서 감시하는 두 경찰한테 덜미를 붙잡혔다. 나는 그 자리에 풀썩 꿇어앉아 그들에게 제발 놓아달라고 울면서 사정하였다. 다행히 그들은 조선족경찰이어서 나의 말을 알아들었다. 나는 그들에게 내가 번 몇백 원을 쥐어주며 놓아달라고 하였다. 그들은 나의 이런 모습이 너무 불쌍해서인지 그 돈을 나의 손에 다시 쥐어주며 남 못 볼 때 빨리 도망하라고 하였다. 나는 그들에게 감사하다는 말을 할 새도 없이 부랴부랴 산 속의 난길(오솔길)로 내뛰었다. 정말 중국경찰국에도 좋은 사람이 있었다.

나는 또 걷고 걸어 연변땅, 지금 내가 살고 있는 곳으로 왔다. 이곳도 농촌인데 나는 또 농민들의 벼농사도 방조해 주고 땔나무도 패주었다. 비록 지금까지 여기에 북조선사람을 붙잡으러 오지는 않았지만 나는 무시로 시름을 놓지 못하고 두려움에 떤다. 언제면 근심 걱정 없이 편안히 살겠는지…… 그날을 고대한다.

함경북도 청진시, 25세 남성/452

온 집식구가 모두 굶어서 일어날 수 없게 되자 부령군 고모집은 생활이 좀 괜찮아서 량식 얻으러 왔으나 옥수수가루 1kg밖에 얻지 못하였다. 고모집에서 돌아온 후 집식구를 살리려고 남양까지 와서 련 3일 고려한 후 도강의 길을 걸었다. 7명이 같이 건너오는데 보초선에서 "서라!" 하고 소리질렀지만 우리 7명은 "총 쏘겠으면 쏴라! 굶어죽겠는데 볼 게 뭐 있니"라고 대꾸하곤 계속 앞으로 걸어서 중국까지 이르렀다. 우리는 멀리 보이는 불빛을 따라 계속 앞으로 걸었다. 신은 다 파여서 발에 걸리지 않았다. 집마을까지 이르러 발을 보니 군데군데 터져서 피가 흘렀다. 나는 요행하게도 친척이 없는 중국땅에서 일거리를 찾았다. 지금 빨리 로임해 가지고 집에 돌아가서 집식구를 살릴 그 시간을 기다린다. 지금 우리 조국은 가난하여 인민들을 먹여살릴 수 없는 정황이어서 중국에 친척이 있는 집은 먹을 것이 있고 아무 데도 먹을 곳 없는 집은 집식구가 모두 굶어죽고 있다. 거리와 장마당에는 밥을 빌어먹는 '꽃제비'들이 와글거리지만 나라에서도 그 애들을 처리할 방법이 없어한다. 우리 인민들은 살기를 희망한다. 우리의 구성(지도자)는 어디에서 나타나겠는지. 계속 량식을 공급하지 않으면 금년 여름에는 죽는 사람들이 더 많을 것이다.

함경북도 청진시, 37세 여성/281

　　근년에 우리집은 중국에 계시는 외삼촌의 도움으로 집생계를 유지하여 왔다. 외삼촌은 개인무역회사를 꾸리었는데 경영이 잘 되어 집생활은 대단히 좋았다.
　　그러다가 1987년 말부터 돈을 받아들이지 못하여 불경기에 처하기 시작하였는데 지금은 무역이 잘 되지 않아 경영장부가 거꾸로 서는 형편이기 때문에 우리를 도와줄 형편이 못되었다.
　　이렇게 되니 우리집도 다른 집들과 마찬가지로 산나물을 캐어다가 푸대죽을 쑤어먹기 시작하였고, 산기슭에 땅을 파 밭을 만들어 옥수수와 감자를 심었다. 이렇게 하여도 우리집 일곱 식구의 끼니를 이어갈 수 없었다. 지난 겨울에는 소나무껍질과 피나무껍질을 가공하여 먹으니 변비가 심하여 온 집안 식구들이 고생했으며 영양실조와 집식구들의 생명이 위험한 정황에 처하게 되었다.
　　이렇게 되니 할 수 없이 중국에 도강하려고 강변에 이르렀다가 빈 통조림통을 연결한 줄에 발이 걸리어 소리가 나니 난데없는 보초병이 나타나 나는 꼼짝도 못하고 붙잡혔다. 나이 어린 보초병은 내가 중국에 갔다 올 때에 돈과 물건을 주겠으니 건너게 해 달라고 여러 번 사정하니, 자기도 배가 대단히 고프니 돌아올 때에 꼭 이곳으로 오라고 하며 그 자리를 피해주었다.
　　이렇게 되어 겨우 도강하여 외삼촌집에 와 일자리를 찾아달라고 하니 붙잡히면 조선에 압송되어 가고 해당자가 큰 벌금을 하게 되기에 안전하지도 못하고 일을 시키려는 곳을 찾기 힘드니 비교적 안전한 흑룡강성에 들어가라고 하였다. 흑룡강성 해림시 부근 농촌에 먼 친척이 있는데 그곳으로 찾아 갈 예정이다.
　　우리 조선은 언제 가서야 식량곤난이 해결되겠는지. 우리는 그때까지 생명을 보존할 것 같지 않다. 유엔과 해외동포들이 우리를 도와달라.

함경북도 경성군, 37세 여성/510

나의 할머님은 집식구를 먹여살리려고 산에 가서 곽찌포지(곡괭이)로 밭을 일구어 놓았으며, 나무껍질을 벗기고 뽕나무잎을 뜯어서 물에 우려 말린 후 가루내어 산나물에다 섞어서 쪄서도 먹었다. 죽을 너무 먹어서인지, 죽보다는 두릅나무껍질 가루에 산나물 비비떡은 아주 맛이 났다. 이 음식은 생활개선으로 먹는 것이다. 할머니는 우리가 너무 잘 먹으니 힘을 내어 나무껍질을 벗겨와서 좀씩 해 주었다.

이 음식이 우리집 식구들에게 해를 끼칠 줄은 누가 알았겠는가? 우리는 모두 대변을 보지 못하고 고생하면서 집식구들이 서로 엎드려 대변을 젓가락으로 파냈지만 항문만 파열시키고 말았다. 나의 동생은 너무 많이 먹어서인지 변비가 심하여 배는 부대끼고 정신마저 잃었으며 열이 올랐다. 그런데 계속 파열되지 않았는데 숨이 끊어질 무렵에 항문이 풀리면서 대변이 계속 나오고 오줌은 붉은 색이고 코에서도 피 같은 것이 흘렀다. 그런데 심장은 계속 정지 안 되었다가 밤중에 우리와 영별했다. 이렇게 불쌍하게 죽었지만 돈이 없어서 약도 써 주지 못하고 죽는 시간만 기다렸다.

동생이 죽은 후 집식구들이 련이어 이런 정황이 되어 나는 생각하던 차에 앉아서 죽지 말고 길가에서 죽더라도 중국에 와서 돈 벌어서 집식구를 살리려고 마음먹고 도강하였다. 지금 산촌에 가서 운전수들이 길가에서 발을 쉬어 가면서 식사를 하는 곳에 가서 밥도 짓고 집을 거두고 혹시 더러운 운전수 옷도 빨아준다. 불쌍한 우리 조국 인민들을 구해달라. 우리는 먹고 입을 것이 있으면 우리가 살고 있는 강토를 잘 건설하겠다.

량강도 혜산시, 25세 여성/346

1999년 2월, 나는 중국으로 넘어왔다. 조선에서 감옥에 간 동생을 구하려면 돈이 있어야 한다. 내가 벌어 동생을 살리자는 것 때문이다.
　남동생은 1998년 4, 5월에 2차례 중국에 왔다가 잡혀 지금은 조선 감옥에 갔는데 산에 데려가 일을 시킨다. 일이 어찌나 고된지 아침부터 저녁 늦게까지 일을 시키고 밥도 안 준단다. 자기 손으로 풀이라도 뜯어먹어야 한다. 내가 면회하러 가 보니 뼈만 남아 있는 동생을 알아보지도 못했다. 감옥장이 말하기를 "큰 염소 한 마리 사 오면 석방하고, 작은 염소 한 마리 사 오면 일년 감소한다"는 것이었다. 부모님은 다 세상 떴으니 이제 혈육이라야 동생밖에 없는데 동생마저 잃으면 어떻게 할까? 나는 꼭 돈을 벌어 동생을 살리려고 생각하고 지금 이 음식점에서 죽기내기로 일한다. 조선에는 법이 없는 나라이다. 조금만 세력이 있으면 그 사람의 말을 들어야지 듣지 않으면 큰일난다.

함경북도 무산시, 32세 여성/333

　량식난에 60도 안 된 부모님이 다 파라티푸스에 걸려 약도 쓰지 못하고 1997년에 사망하고, 남동생과 같이 생활하던 중 친척의 도움을 받으려고 라진에 왔다. 그런데 동생마저 콜레라에 걸려 죽고나니 더는 지탱할 맥조차 없어 박아바이와 함께 중국으로 떠났다. 중국에 와서 시집이라도 가면 하루 살아도 편히 살 수 있지 않겠는가 해서 말이다. 처녀자체에 고운 옷 한 벌 입어보지 못했고 화장 한 번 제대로 하지 못하고 살 길 찾아 먹을 것 찾아 헤매니 손이 발인지 발이 손인지 분간할 수 없이 한 끼 죽도 제대로 먹기 힘드니.
　나 자체는 체격이 좀 괜찮고 인물도 괜찮다. 라진 친척집에 한 달 푼히 있는 기간 관리배들은 자기 처가 있어도 나와 살자고 한다. 그 관리배들의 처갓집 세력이 이만저만 아니니, 좀만 잘못하면 불벼락이 떨어지고 말 것인데 내가 어찌 감히 그런 짓을 할 수 있겠는가? 생각 끝에 차라리 중국에 와 내 살 길 찾는 것이 더 좋은 것 같았다. 조선에서 조그마한 권리 가진 인간들 치고 바람둥이 아닌 사람이 없다. 백성들이 굶어 죽어도 그들은 자기들의 향수를 누릴 것은 다 누리고 산다. 어떤 녀자들은 살 길 찾아 남녀관계로 돈을 벌기도 한다. 한번 살면 최저로 10-20원 이다. 조선 자체는 너무나도 유치하다고나 할까. 탄로가 되면 총살까지 당하지만 그런 녀자들은 계속 존재한다. 조선 하나 힘으로는 나라 구하기가 너무나 힘이 들 것이니 국제사회의 지지와 원조가 없고서는 절대 추스르기 힘들다. 나라 자체가 작기 때문에 후원만 있으면 될 것 같다. 크나큰 대국, 중국땅에서도 내 힘으로 먹고 사는데 굶어죽는다는 것이 너무나도 되지 않는 말이지 않고 무엇인가? 처녀 나이 28세 되어도 시집갈 엄두도 내지 않으니 인구는 더 말할 것도 없이 감소하겠고, 멀지 않은 날엔 얼마 남지 않겠으니 너무 기막힌 일이다. 남북통일을 고대하면서 버티고 살아야겠다.

함경북도 선봉시, 28세 여성/207

나는 너무도 살 길 없어서 듣는 소문에 중국 남방에는 돈 많은 사람들이 자식 없어서 남자아이들을 요구한다 하기에, 집에 있으면 영양실조로 못 살 것 같아서, 아이라도 돈 많은 집에 가서 잘 먹고 공부도 많이 하기 위해 도강하여 사돈집에 찾아왔다. 사돈은 나의 의향을 듣고 크게 노여워하면서 굶어죽어도 같이 있어야지 그릇된 생각이라고 꾸지람했다. 나는 사돈의 큰 꾸지람을 듣고, 지원해 준 옷과 음식, 돈을 가지고 아들을 데리고 곧 집으로 돌아가겠다. 지금 우리나라에서는 몇 년 련속 배급을 주지 않아서 매일 굶어죽는 사람이 아주 많다. 우리 백성들은 외국에서 량식을 지원해 주기를 손꼽아 기다린다. 우리나라 자체로는 인차 량식난을 해결할 수 없다. 지난해에도 재해가 왔으니 금년 봄, 여름에는 어떻게 살겠는지.

함경남도 함흥시, 38세 여성/086

몇 년간의 식량곤난에 우리집은 다 파산되고 말았다. 년로하신 부모님은 집식구를 살리기 위하여 산나물을 캐어오고 산에 가 땅을 파 밭을 만들어 옥수수와 감자를 심었다. 이렇게 하여도 식량을 이어갈 수 없게 되자 피나무껍질을 말리어 가루내어 닦은 다음 그것을 물에 풀어 마시기도 하고, 소나무껍질로 송기떡도 하여 먹었다. 그러나 끼니를 이어갈 수 없었고 변비가 생겨도 병원에서 약이 다 떨어져 주지 않기에 자체로 방법을 대였으나 후에는 말을 듣지 않고 고생하였다.

년로하신 부모님이 모진 고생 끝에 선후로 사망하니, 12세 난 남동생은 집을 떨쳐 나가 꽃제비 무리에 들어가 거지생활을 하고 있고, 5세 난 여동생은 변비 때문에 대변을 보지 못하다가 죽었다. 23세 난 남동생은 군대에 나가고, 나 혼자만 남게 되였다. 그런데 나의 약혼한 남자는 중국에 계시는 친척집에 갔다가 인차 돌아오겠다고 하였는데 반년이 지나도 아무런 소식조차 없기에 기다릴 필요도 없음으로, 나는 살 길을 찾으려고 아무 친척도 없는 중국에 도강하여 왔다.

일자리를 얻으려고 하니 변경지구는 조사가 심하여 안전하지 못하고 일자리도 얻기가 매우 곤난하다. 나는 흑룡강성에 들어가면 안전하기도 하고 일자리를 얻을 수 있다 하지만 로비가 없어서 못 들어간다. 나에게 로비를 해결하여 주기를 바란다.

량강도 혜산시, 27세 여성/508

자식을 버리는 부모, 열악한 노동조건

살기 위하여 어미됨도 포기했습니다.
우리에게 일 할 수 있는 기회를 주십시오.

바람소리 살랑 나도 가슴이 두근두근,
사람소리, 기침소리, 개소리 모두가 진정할 수 없습니다.
붙잡지만 말아 주십시오.

그러면, 우리는
저절로 살아날 수 있습니다.

시어머님과 남편은 기아에서 허덕이다가 끝내 병들어 사망한 후, 나는 아이 3명을 먹여살리기 위해 갖은 노력을 하였으나 끼니를 이어댈 수 없었다. 그리하여 나는 아이 3명을 거느리고 중국으로 도망할 생각을 하고 두릅나무 미싯가루를 만들어 가지고 길을 떠났다.

국경에 도착한 후 우리는 무사히 국경을 넘어 동포들의 도움으로 육촌언니를 찾게 되었다.

우리집 정황을 상세히 들은 언니는 한숨만 내쉬었다. 나는 언니와 토론하고 지금 내 정황은 아이 3명을 먹여살리지도 못하고 공부도 시키지 못한다. 지금 아이 3명을 잘 살 수 있게끔 하려면, 돈 많고 아이 없어 그리워하는 집에 줄 수 있으면 만족이라고 했다. 그런데 언니 하는 말이 작은 것은 가능하겠지만 큰 것은 어디다 주기도 어렵고 우리집 정황도 기르기 어렵다고 말하고 나서 어디 다 소망은 해 보겠다고 말했다. 5세 난 작은아들은 안쪽에서 왔다는 한족사람이 업어갔다.

이튿날 8세 난 딸애도 한족사람이 데려갔으며 11세 난 아들은 조선사람이 데려갔다. 자식도 제대로 기르지 못하는 것도 엄마라고 갈라질 때 "엄마, 엄마" 소리치면서 울었으나 무정한 나는 잘 자라거라. 나는 지금 죽어도 시름 놓을 것이라고 생각하면서 눈물을 흘렸다.

나는 인차 집으로 돌아가려 했는데 언니는 돌아가도 홀몸인데 이곳에서 남편을 찾아살라고 권하였다. 그래서 흑룡강성 호림시에 있는 49세 난 홀아비 있는 데로 재가하여 아이 둘을 길러주고 있다. 큰딸은 21세인데 나를 사람답게 보지 않고 내가 한 음식은 개죽 같다고 모욕하면서 빨리 너의 조국으로 가라고 했다. 나는 이 집에서 배길 수 없어서 겨우 돈을 얻어 가지고 녕안시까지 온 후 지금 토장국 음식점에서 주방 일을 돌보면서 하루에 5원씩 일공받게 했다. 나는 돈을 좀 벌어서 인차 나의 조국으로 가겠다. 세계 각국에 계시는 동포 여러분! 우리 조선민족을 도와주기를 간절히 부탁드린다.

함경북도 명천군, 35세 여성/601

   나는 임신 마지막 달이 되어 임신중독이 왔는지 온몸이 퉁퉁 부어와서 앞을 보기도 바쁘게 눈등도 부었다. 나는 조국에서 해산하다가는 아이도 살리지 못하고 목숨까지 잃을 것 같아서 중국으로 왔다. 중국에는 개인집에서 꾸리는 부산과 의사도 매우 많았다. 나는 삼촌아주머니의 방조하에 개인부산과에 와서 치료받기 시작했다. 임신중독이 매우 심하므로 이 병원에서는 접수하지 않겠다 했는데 아주머니께서 겨우 사정하여 치료를 시작했다. 약을 여럿 써 보지 않은 원인인지 상상외로 회복이 빨라 부은 몸은 점점 내리기 시작했다. 예정일이 지난 3일 후에 여자 애를 순산했다. 계획대로 아이를 낳은 즉시로 남에게 주었다. 아이를 제대로 살릴 수 없는 정황이므로 차라리 세상 모를 때 정이 들기 전에 잘 사는 집에 가서 호의호식하고 잘 자라서 훌륭한 후계자로 양성하기를 바랄 뿐이다.
   두 달 후 나는 삼촌댁이 준비해 주신 물건을 가지고 지금 개산툰에 와서 건너갈 좋은 기회를 엿보고 있다.

함경남도 홍원군, 29세 여성/653

나는 해산하기 직전에 중국으로 도강하였다. 곧 온다고 하며 집을 떠난 남편은 아이가 돌이 지나도 죽었는지 살았는지 아무런 소식조차 없었다. 그러다 시부모까지 사망하니 아이를 데리고 너무도 곤난하여 나도 중국에 도강하여 왔다.

친척 한 집도 없는 중국땅에 와 애기를 데리고 있기에, 일을 찾아 할 수도 없었다. 할 수 없이 독한 마음을 먹고 애기를 사람들이 없는 기회에 한 집 문 앞에 놓고 인차 그 자리를 피했다. 얼마 안 되어 사람들이 애기를 발견하고 서로 무슨 이야기를 하다가 애기를 안고 집으로 들어갔다. 나는 가슴이 막 터지는 것 같기는 하였으나 그래도 굶겨죽이는 것보다 낫다고 자체로 안위하고 돌아다니며 일자리를 구하려 하였으나 일을 시키려는 집이 없었다.

나는 흑룡강성에 가면 일자리를 찾기 쉽다는 말을 듣고 역전과 음식점에 가서 돈을 빌어 로비를 겨우 마련하여 흑룡강성 녕안시에 도착하였다. 정작 와 보니 조선에서 온 사람이 많아 일자리를 인차 찾지 못하고 있다가 할 수 없이 어떤 사람의 소개로 농촌에 사는 조선족 로총각에게 팔리었다. 고생을 겪을 대로 겪은지라 이 집에 와 아무 말 없이 지내나, 속으로 신세타령을 하며 나날을 보내고 있다.

함경북도 청진시, 29세 여성/630

나의 남편은 탄광공인이었는데 식량곤난을 받다가 나중에는 폐결핵에 걸려 치료를 전혀 받지 못하고 사망했다. 계속 배급도 신봉도 나오지 않으니 1세 반 난 아들과 나는 살아나갈 길이 없어서 아이를 업고 막심한 고생을 겪으며 겨우 중국에 도강하여 왔다.

나는 중국에는 친척도 없기에 의지할 곳이 없어서 빌어먹으며 돌아다니다가 할 수 없이 아이가 자는 기회에 잘 살아 보이는 집 문 앞에 아이를 조용히 두고 자리를 피하여 보고 있자니 얼마 안 되어 아이가 깨어나 엄마하고 소리치며 울었다. 나는 가슴이 터질 것만 같았지만 자식을 살리기 위해 꾹 참고 있자니 집에서 사람이 나와 야단법석이었다. 나를 발견할까 봐 인차 자리를 피하였다가 한 시간쯤 지난 다음 다시 가 보니 조용하였다. 집에 들어갔겠거니 싶어 아들은 살 것이라 생각하고 나는 다른 곳으로 갔다.

여러 집을 돌아다니다가 한 집에서 나를 농촌에 자기 친척이 있는데 35세 총각에게 시집가지 않겠는가고 권고하기에 거지가 된 나로서 더 캐 묻지 않고 가겠다고 대답하였다.

이렇게 되어 그 집에 가 이미 한 달 가량 생활하였는데 들리는 말에 의하면 중국정부에서 나를 발견하면 조선에 돌려보낼 뿐만 아니라 이 집도 거액의 벌금을 시킨다고 하니 나는 안절부절하고 있다. 중국정부에서 살 길이 없어 도강하여 온 우리 조선사람을 붙잡지 말았으면 좋겠다.

함경북도 명천군, 29세 여성/396

1998년 11월, 집을 떠나 온성에 있는 삼촌집으로 왔다가 거기에서 이틀간 묵고 밤 12시경에 도강하여 중국에 왔다. 왜 중국에 왔느냐구? 왜서 중국에 왔겠는가? 그럼 고향땅에서 고생살이 정황을 이야기하련다. 여기에서도 알다시피 고향땅에서는 6-7년간의 재해와 지도자들의 부패로 인하여 식량을 제대로 공급받지 못하는 정황이다. 특히 3-4년은 더욱 말이 아니다. 일년에 6-7Kg 공급받으니 어떻게 일년을 먹고살 수가 있겠는가? 더욱이 로인과 어린이, 병자들은 더욱 말이 아니다. 하루에도 굶어죽고 병에 걸려 몇십 명씩 죽어가니 이것을 어떻게 눈을 뜨고 볼 수 있겠는가? 죽으면 관도 없어 가마니에 싸서 묻곤 한다. 조국땅이 이런 정황이니 우리집도 예외가 아니다.

나의 아버지도 1998년 3월에 간염과 식량난으로 약도 제대로 못 쓰고 이 세상과 고별하였다. 어머니도 허기증에 걸려 몸져 누워 앓고 있는 처지이다. 그러니 누가 우리집을 돌볼 수 있겠는가? 나 역시 남성으로서 돈이나 벌어 어머니를 구하려고 중국으로 왔다.

정작 중국에 와 보니 먹는 것 입는 것은 문제 아니지만 돈 벌기가 매우 어렵다. 오늘은 이집 일, 내일은 저집 일 돌아다니면서 일하였건만 돈이란 쥐어보지 못하였다. 그저 먹고 마시면 그만이다. 이렇게 하고서 언제 돈을 벌어 병석에 누어 있는 어머니를 구할 수 있겠는가? 이렇게 하루하루 지내던 중 한 아바이 소개로 림산사업소에 가서 채벌로동을 하게 되었다. 거기에서는 먹고 자고 한 달에 150원을 받게 되었다. 근 석 달 동안 일을 하여 몇백 원 쥐게 되었다. 지금 나는 돌아가려 한다. 하루빨리 돌아가서 앓고 있는 어머니에게 약이라도 대접하고 싶은 마음뿐이다. 그러나 무사히 건너가겠는지? 여하를 불문하고 어머니를 구하려는 이 아들 마음이다.

함경북도 새별군, 28세 남성/407

봄풀이 살아나면 좋은 일도 있지만 서러운 일도 많다. 끼니도 겨우 이어대는 데 병까지 우리를 못살게 군다. 작년 봄에 우리집 식구는 콜레라에 걸려 6명 중 3명이 세상을 뜨고 3명이 남았는데 모두 온몸에 껍질밖에 남지 않았다. 무슨둘레뿌리와 벼뿌리, 드릅나무껍질을 말리워 가루내어, 물을 끓이다 말린 가루들을 조금 넣고 끼니를 겨우 건너면서 살아왔는 데, 부대에 갔던 동생이 병에 걸려 치료 못 받고 군부대 차에 실려 집으로 돌아오니 어머님은 통곡하며 울어도 무슨 소용 있겠는가?

나는 너무 집일이 답답하여 아예 죽고 싶었지만 어머님과 아들이 불쌍하여 이런 생각 버리고 한번 도강하여 돈을 벌어보자고 결심하고 이곳에 왔다. 목숨이 겨우 붙어서 중국에 오니 일자리 찾기 힘들어 고생하다가 인분수레를 몰게 되었다. 하루에 먹고 자고 8원을 주기를 결정했다. 나는 조국에서 군대에도 갔다오고 대학공부도 했지만 이 모든 능력도 발휘할래야 할 기회도 없고, 량식난은 우리를 절반 머저리로 만들었다. 나는 중국에 와서 변소에서 인분을 처리하고 저녁에 돌아와서 몸을 씻고 자리에 누우면 여러 가지 생각에 잠을 이룰 수 없다. 우리 조국은 무엇 때문에 이처럼 못사는지? 기층 인민들의 생활난을 중앙간부들은 알고 있는지? 언제까지 이렇게 살아야 하는지? 도저히 의문들이 풀리지 않는다. 약물치료 받고 제때에 음식조절을 하면 모두 살릴 수 있는 나의 딸과 아들, 안해를 약 한 알 먹이지 못하고 저 세상에 보냈다. 중국에 와 보니 물 하나 사이 둔 이 고장은 량식 걱정 입을 걱정 없이 정말로 자유롭게 생활하고 있다. 우리나라도 어서 빨리 선진적인 나라를 따라잡아 경제를 발전시키고 농업을 잘 지어야만 인민들이 살아날 수 있다. 우리 인민들은 이 날을 기다리고 있다.

강원도 법동군, 45세 남성/193

    우리 조선은 수년간 전쟁준비로 경제가 발전하지 못하고 인민들의 생활은 나날이 하강되어 굶어죽는 사람, 전염병으로 사망하는 사람들이 날따라 늘어난다. 상하급 차별은 더욱 더 심하여 굶어죽는 사람은 굶어죽고 돈 많은 사람들은 이 곤난한 환경에서 돈벌이를 하여 가고 있다. 큰 공장은 원자재가 없어서 문이 닫히고 기계가 서니 공장문을 닫게 되고, 공장관리 일꾼들도 몇 년 동안 출근을 했지만 신봉이 없으니 공장기계를 훔쳐다 팔아서 량식을 사오는 정황이다. 특히 가슴아픈 것은 우리 공장은 매우 큰 공장이고 기계도 모두 값비싼 것인데 부속품을 하나 하나 훔쳐가다 보니 지금은 모두 폐철로 되었다.

    나는 집식구를 살리기 위해 남들의 눈을 피해가면서 가장 중요한 기계부속품을 훔쳐 팔아서 통옥수수를 사고 로비를 마련해 가지고 도강해 중국에 왔다. 일거리를 찾지 못해 농촌에 가서 겨우 사정해서 가축돌보는 일을 시작했다. 이 집에서 두 달 일했는데 아직 로임을 한번도 받지 못했는데 이 집 주인이 뜨락또를 몰고 다니면서 마을사람들의 쌀을 팔아 주고 돈을 받고 있다. 며칠 후 인차 돈을 결산해 주겠다고 하였기에 로임을 받으면 집으로 곧 돌아가겠다. 계속 배급을 주지 않으면 살아나갈 길이 아득하다. 우리 인민들은 하루속히 남북 조선이 통일될 그날을 기다린다. 그때가 되면 인민들은 전쟁공포심도 없이 안락한 자기의 락원을 건설할 것이다.

함경남도 홍원군, 43세 남성/426

　　1998년 7월, 부모님은 모두 영양실조로 돌아가시고 군대에 간 동생도 화학약품 영향으로 두 눈이 잘 보이지 않아 집으로 돌아왔다. 젊은 동생마저 앞 못 보는데 누가 그를 돌보겠는지? 생각 끝에 중국의 외가 친척집 도움이나 받자고 10월에 약간의 돈과 음식을 준비하여 남양으로 출발하여 중국 늪치촌으로 해서 건너왔다. 친척들의 도움으로 약도 좀 얻고 500원을 얻어 외갓집에서 집에다 편지하여 남양까지 처를 오게 하고 나는 돈을 좀더 벌어가려고 연변 탄광갱굴로 일하러 떠났다. 난생 처음 갱굴에 들어가 일하니 나와 같은 처지의 친구들도 몇 되었다. 우리 동포들은 죽기내기로 일하여 작업반 반장의 신임을 얻었고, 한 달 로임을 200원으로 하였다. 조선사람 놓고 보면 200원도 만족이었다. 온종일 갱굴에서 일하고 나면 저녁밥 먹고 사지가 나른하여 꼼짝할 수도 없었지만 배불리 먹고 한잠 자고 나면 그 이튿날엔 또 새 힘이 난다. 일을 해도 이런 멋이 있어야 일할 맥이 있지 조선처럼 아무리 살자고 애써도 하루 한 끼 배불리 먹지 못해서야 어디 살 용기가 있는가. 한 댓 달 벌어서 돌아가면 동생도 좀 돌보고 가정도 유지할 수 있을 것이다.

　　조선땅에서는 근본 몰랐는데 중국에 와 텔레비로 보고듣고 하니 제일 못사는 나라가 우리 조선인 것 같다. 중국 장마당에도 가 봤지만 꽃제비는 근본 볼 수가 없고 간혹 정신환자가 거리에서 방황하고 있는 것 뿐이고 겨울엔 겨울옷, 여름에는 여름옷의 분별이 있었다. 그렇지만 조선엔 여름에도 겨울옷 입고, 겨울신 신고 다니는 사람이 많고 10명 중 2명이 옷도 반반히 입었거나 깨끗이 씻은 사람을 볼 수 있고 그 나머지는 모두 때투성이로 낯이나 손은 더 말할 나위가 없다. 문명하던 조선은 지금 환경이 깨끗한 곳을 찾아보기 힘들고 그 무슨 동원도 모두가 회피

하고 먹을 것 찾아 헤매는 것이 급선무다. 중국 장마당에는 쌀도 많은데 굶어죽었다는 사람은 못 들었다.

조선 관리인들이여! 각성하여 나라를 구하라! 공장마다 폐허되고 학교마다 글소리 듣기 힘드니 언제면 제대로 제 형태로 돌아오겠는지? 정부차원에서 정신차리지 않고는 결국은 망하고 말 것이다. 가슴아파한들 평백성이 무슨 힘이 있는가?

함경북도 부령군, 36세 남성/377

우리집 식구들은 중국으로 건너온 지 1년 반이 넘는다. 건너와서 촌민들의 도움으로 그럭저럭 살아왔는데 지금 아이들을 공부시키자고 보니 힘든다. 우리들이 막벌이를 하여서 먹고 입는 데는 괜찮은데 학비를 댈 돈이 없다. 작년 겨울에 우리 두 부부는 기름 짜는 일을 해서 1,000원 가량 벌었는데, 조선사람이라고 업신여기고 돈을 일전도 주지 않고 달아나 버렸다. 이로 인하여 나는 골병으로 병원에 입원하게 되었는데 한족 촌장이 나의 치료비를 대주었다. 지금 일을 하려고 하여도 시내와 거리가 멀어서 일거리를 찾을 수 없다. 이제 농사철이 되어야 일거리를 찾을 수 있는데 아이들의 학비 때문에 걱정이다.

강원도 원산시, 40세 여성/248

조선에서 안해의 력할은 주로 가정 살리는 데 있다. 가정 살리기 위해 남편과 약속하고 1998년 8월, 온성에서 중국 밀강으로 해서 다른 사람과 같이 넘어서 도문에 왔다. 간염이 있기 때문에 아는 집 찾아갔으나 안전치 못하여 별 수 없이 연길에 와 자리 잡았는데 돼지발족이라던가 소채를 만드는 한족집에서 일하게 되었다. 두 달 벌이로 조선에 갔다 오려 했는데 우연하게 한 동네 사람을 만나 알아보니 5세 난 아이는 급병으로 죽었고 남편은 감옥살이를 한다는 것이었다.

　돌아갈 수도 없고 지금은 한족사람과 동거하면서 일하고 있다. 말은 모르지만 손시늉 하면서 다섯 달 살았다. 내가 달아날까 봐 근본 밖에 나다니는 것을 사절한다. 그는 하북성사람으로 나이는 45세이다. 제 남편도 찾지 못하고 남의 나라 제 민족도 아닌 한족과 살아야만 하는 우리 북조선녀자 신세가 나 하나만 아니다. 우리 농장에도 50세 난 사람도 있고 30대 부인도 있는데 공통점은 중국땅에서 한족과 살거나 그 집에 있으면 공안국의 감시가 경하다 한다. 나도 지금 제일 두려운 것이 한족 남자와 살면서 임신될까 하는 것이다. 아무럼 한족종자를 낳아준다는 것만은 달통되지 않기 때문이다.

　때론 아이 생각, 남편 생각으로 흘리는 눈물도 한두 번이 아니다. 어느 때든 남편이 살아만 있다면 꼭 찾을 것이다. 조선정부여! 만 백성이 제 목숨 때문에 갖가지 수모를 당하면서 살아야 하는가? 타국에 와 제 민족도 아닌 한족과 살아야 하는가! 왜서 그 파리 같은 목숨을 위해선가? 아니다. 조국이란 꼭 있어야 하니까. 내 정부 힘으로 되지 않으면 유엔에 그 무슨 방법을 요구하든지 아니면 구제를 요구하든지? 살리고 보는 것이 정부측의 책임이 아닌가? 자식 죽고 부모 죽고 남편 죽고 다시 조국이라고 돌아갈 인간들이라 생각하는가? 이제라도 늦지 않으니 하루빨리 대책을 연구하여 백성을 살려야 한다. 백성을 기아에서 해방시키고 구하여 주는 것이 정부측의 임무가 아닌가? 무능한 우리 정부여! 하루빨리 각성하여 평화적 통일을 촉진하라.

함경북도 온성군, 28세 여성/215

　1998년 11월, 나는 집을 떠나 새벽 2시경에 도강하여 중국에 왔다. 어째 중국에 왔는가구? 어째 왔겠는가? 지금 조국땅 그 어디에서나 식량난에 로인부터 아이에 이르기까지 허기증과 병에 걸려 무리 죽음을 당하고 있다. 우리집도 마찬가지로 아버지는 1997년 4월에 굶주림과 병마(간염)에 걸려 이 세상과 리별하였으며, 어머니마저 1998년 3월에 나를 버리고 저 세상으로 떠나갔다. 무엇으로 다 말하겠는가?

그래서 중국에 와서 돈이라도 벌어가지고 가서 장사나 하여 살아 보리라고 생각하고 중국에 왔다. 중국에 와서 한 아저씨 소개로 개인집 보모로 일하였다. 보모일은 정말 힘들다. 아침 일찍 일어나 밥을 짓고 낮이면 빨래를 해야 하며 저녁밥을 먹고 나면 거두매를 하고 잠자리에 누어 휴식하려면 주인은 제 방에 들어와 참 다 말하기가 딱하다.

지금 그 집을 떠나자 해도 또 어디 가서 먹고 자고 일자리를 구하겠는가? 우리 같은 사람들은 이렇게 능욕과 멸시를 받아야 하는지? 그렇지 않으면 무슨 방법이 있겠는가? 여하를 불문하고 조그마한 돈이라도 벌어가지고 고향땅에 가서 살아보리라는 마음이다.

함경북도 회령시, 26세 여성/409

1998년 12월, 홍원에서 떠나 트럭도 타고 기차도 타면서 1999년 1월 남양에 도착했다. 남양 동생집에서 이틀 휴식하고 동생의 충고에 저녁 11시경 철다리 부근에서 건너 도문으로 왔다. 동생이 알려주는 사람을 만났는데 그는 나를 식당복무원으로 일자리 소개시켰다.

처음은 사발도 씻고 채소도 씻는 일들을 하였는데, 나 같은 조선사람이 2명 있었다. 원래 경기가 그다지 좋지 않았다던 식당이 지금은 괜찮다 하는데 결국은 여자들이 몸 팔아 돈 벌고 있었다. 나는 남편과 4세 난 아들애도 있었고 아주 정직하게 살아와서, 처음 그들이 리해되지 않았고 조선녀자들이 망신을 당한다고 생각하고 그들을 아니꼽게 대했다. 그 눈치채고 그들은 하루 나를 붙잡고 울며 그렇지 않으면 별 수가 없다 하면서 이 집 식당주인이 공안과 내통했기에 무사하지 그렇지 않으면 붙잡혀 간다고 하였다. 참 너무도 기막힌 일이었다.

그들은 남양에까지 집식구들을 오게 하고 인편에 돈을 넘겨 보냈는데 무사히 받았다는 기별이 왔다 한다. 그들도 눈물을 흘리면서 이렇게

라도 식구들을 살려야지 별 수 없다고 하면서 때론 먹지 못하는 술로 자신들을 달래기도 했다. 지금 처지에서 달아나야 할지 아니면 나 역시 이 식으로 돈을 벌어야 할지…… 조선사람은 이리도 값없는 인간인지? 그래도 너무 값없다고 할 수 없다. 남자들과 한 덩어리 되어도 그들도 사람인지 50원이라도 주고 간다. 중국돈 50원이면 조선돈 1,200원이니 통강냉이 40Kg 정도는 살 수 있지 않은가? 이것이면 세 식구가 한 달은 보탬하면서 살 수 있기에 참고 견디고 돈을 버는 것이 상책일 것이다. 한 달에 500-1,000원을 번다면 두 달 벌어 그 돈 가지고 건너가면 일년은 잘 살 수 있다.

조국이 제대로 되겠지. 고난의 행군이 끝나면 그 즉시에 우리도 잘 살겠지 하는 신심으로 달래면서 하루하루 살아보자.

함경남도 홍원군, 32세 여성/364

나는 중국에 세 번 왔다. 1998년 1월, 동무와 함께 친척을 찾기 위해 15일간 머물렀다. 한 달 후 또 그 동무와 함께 중국으로 왔다. 그 당시 소개로 연길에 있는 음식점에 복무원으로 갔는데 결국은 몸 팔고 돈 버는 기생으로 되었다.

음식점 주인은 50대였고 마누라는 활약가였다. 우리 둘은 인물과 체격이 괜찮았고 노래 또한 잘 불렀다. 술집에서 술 부어주고 같이 마셔야 하고 함께 자기도 해야 했으니 처음엔 눈물 흘리며 참고 견디는 수밖에 없었다. 그래도 주인이 짜르고 나도 남자들이 주는 팁에는 수몫이 적지 않았고, 때로는 아버지 뻘, 때로는 오빠 뻘 닥치는 대로 접대하였는데 어떤 이는 랭정하였지만 어떤 이는 우리를 불쌍히 여겨 돈도 더 주고 갈 때도 있었고 그럴 때면 고마워 그 후에 더 친절히 대해 주었다. 이렇게 몸 팔아 집식구 살리는 형편이었다.

그러던 중 하루 새벽 2시, 불시에 닥치는 순찰에 잡히고 말았다. 그 중 내가 접대했던 사람이 나를 알아보고 용정에 수송할 때 도망치게 하였다. 돈은 적지 않게 벌었기에 이젠 집식구한테 보내 주어야겠다. 우리 둘은 단단히 준비를 하여 밤을 도와 돈 주고 무사히 갔다 새벽으로 돌아왔다. 우리 둘은 때론 서로가 부둥켜안고 통곡할 때가 한두 번이 아니고 부모형제 편히 살 수 있을 때까지 이 일 하고 우리도 좋은 대상자 만나 살아야되겠다고 다짐할 때도 있다. 그러나 꿈은 길지 않다. 동무나 나나 성병에 걸려 고통 속에서 모대길 줄이야.

우리들의 운명은 왜 이런지? 조국이 잘 살았으면 왜 타국에 와 몸 팔며 살아야 하는가? 우리에게도 진정한 사랑이 수요되지만 사랑도 자유가 없는 신세니…… 조국이여 젊디젊은 우리가 제 나라 위해 있는 힘 다하지 못하고, 살겠다고 타국에 와 몸 파는 신세가 되었으니 하루빨리 불덩이에서 우리를 구해달라. 통일의 그날까지 버티고 살자.

함경북도 온성군, 26세 여성/688

1998년 12월, 나는 중국에 왔다. 건너오자 친구가 나에게 시집가라고 소개하는 것이었다. 나는 시집가지 않고 돈이라도 좀 벌어 조선에 있는 부모님과 동생들을 먹여살려야 한다고 하였다. 그랬더니 여러 곳에 소망하여 나를 '위해'라는 곳에 노래방복무원으로 가라 했다. 거기에 가면 남조선사람이 많아 돈도 벌 수 있고 동정심도 받을 수 있다는 것이었다. 그러나 정작 가 보니 몸치장도 신경을 많이 써야 하지만 얼굴이 곱지 못한데서 나를 찾는 사람이 거의 없다시피 하였다. 하는 수 없이 용정으로 나왔다. 지금은 식당주방에서 일하는데 월급도 제대로 받지 못한다. 수입이 있을 때에는 그래도 200원 내지 300원 주는데 수입이 적을 때에는 다음 달에 주마고 한다. 중국에 와서 돈 벌기란 정말 힘겹다. 얼마라도 벌게 되면 조선에 가려고 한다.

함경북도 온성군, 25세 여성/384

소개로 연길시 한 집에 200원씩 준다고 하기에 두 달 벌어 돈 좀 쥐고 앓는 남편 살리자고 약정하고 보모질 하였다. 아침 일찍 일어나 밤늦게까지 집 구석구석 청소하고 밥 짓고 5세 나는 아이까지 보는데 정말 앉을 사이조차 없었다. 그러나 개도 안 먹는 돈 때문에 열심히 일했다. 두 달이 다 될 때 하루는 집주인 마누라가 전화가 왔는데 우리집에 수색 온다면서 빨리 이곳을 떠나야 하는데 돈은 며칠 있다 준다 하면서 주지 않았다. 그 후 찾아가니 집은 셋집이라 써 붙이고 사람은 보이지도 않았다.

조선에서 산다는 것이 너무나 힘들다. 내 나이 45세이지만 고생이 너무 심한 탓으로 60살 먹은 늙은이로 보인다. 고난의 행군길도 끝이 없으니 이젠 더 버티기도 힘들고 갈수록 살길이 막막하다. 그런데 중국의 동포 역시 너무 한 것 같다. 갓 건너오니 그 동네사람들은 옷도 주고 밥도 주면서 아주 따뜻이 대해 주었지만 남의 노력 가치조차 주지 않는 량심 없는 사람도 있다. 우리를 너무 업신여기기 때문이다. 나라도 불공평하지만 세계도 불공평한 것이 아닌지? 남북통일의 그날이 오기는 하겠는지? 중국에 와서야 나라와 나라의 차이를 알게 되었다.

함경북도 회령시, 45세 여성/075

1997년 1월, 살던 곳을 등지고 두만강을 건너 중국 남평으로 왔다. 우리 조선사람들이 오죽하면 부모 처자를 다 버리고 이렇게 오겠는가? 우리 가정은 어머님과, 안해, 딸 이렇게 네 식구가 단란하게 지냈다. 하지만 몇 해째 배고픈 고생을 하다못해 나는 안해 보고, 우리 인제 더는 이렇게 견딜 수 없으니 당신은 당신대로 갈 데를 가고 아이는 어머님한테 맡기고 나는 중국으로 탈출하겠다고 말하고, 이튿날 집식구들과 작별 인사를 하고 여기까지 오게 되었다. 내가 중국 남평에 잠시 왔을 때 한 집을 찾아 들어가니 할머니 한 분이 계셨다. 내가 온 사연을 말했더니 그 할머니는 말씀하기를 "자네 밥이나 먹고 인차 이곳을 떠나야 하네.

내가 인심이 박해서가 아니라 여기에 조선사람이 온 줄만 알면 큰일나네. 자네도 붙잡힐 뿐만 아니라 나도 벌금을 하네" 하는 것이었다. 나는 겁이 나서 인차 밥을 먹고 할머니가 가르쳐주는 대로 그 집을 나와 걷기 시작했다. 나는 붙잡힐까 봐 산길로 걷고 또 걸어서 화룡까지 왔다. 나는 체면을 불문하고 한 상점에 들어가서 먹을 것을 좀 달라고 사정하였다. 그러자 고마운 아주머니는 집 안칸으로 데려다 놓고 밥을 먹여준 후, 집주인이 입던 옷을 내놓으며 조선사람인 표적이 너무 알려지니 겉옷을 벗고 이 옷을 갈아입으라고 하였다. 하여 나는 옷을 갈아입은 후 아주머니가 준 20원을 가지고 온 밤을 걸어서 연길까지 왔다. 연길에 온 나는 할머니 한 분을 만나 사정을 말하였더니 나를 뻐스역까지 데려다 주었다. 그러면서 우리집에 가서 하룻밤 묵었다 가도 되겠건만 이곳이 있을 곳이 못되니 어느 골안쪽에 가서 살면 될 수 있다고 하면서 차표를 사 주었다.

이렇게 고마운 사람들의 덕분에 송강까지 온 나는 한 집에 거주해 있으면서 농사일을 해 주고 밥을 얻어 먹으면서 반년을 있었다. 돈을 좀 벌려고 그곳을 떠나 다른 곳에 와서 할머니 한 분 계시는 집에서 넉 달 있으면서 림장에서 일하였다. 달 로임 300원씩 타면 식비를 할머니에게 매달 100원씩 들여놓게 하고 했는데, 로임을 제대로 주지 않아 식비도 들여놓지 못하니 할머니는 더 이상 공밥을 먹여 주지 못하겠다면서 나가라고 하였다. 나는 거기에서 나와 또 다른 곳으로 옮겨갔지만 그 집에서도 지금 나가라고 하니 어디에 가 있겠는가? 정말 시름 놓고 있을 곳도 없는 형편이다. 여름 같으면 산골 안에다가 막을 쳐놓고 살겠건만 이 추운 때에 밖에서 있을 수도 없고 이런 형편이다. 일년이 넘었지만 손에 돈도 얼마 장만하지 못했으니 집으로 돌아갈 수도 없고, 생각하면 아이를 맡기고 온 부모님한테 미안하다. 어머니는 그냥 생전인지? 아이도 살아 있는지? 별 근심이 다 된다. 언제면 통일된 조국에서 우리도 잘 살 때가 있겠는지.

함경북도 무산군, 36세 남성/451

나는 조선인민군에서 3년간 복무하다가 중병(폐결핵)에 걸려 지방에 내려온 군인이다. 지방에 내려와 식량난과 약품난으로 살아갈래야 살아갈 수 없어 도강길에 올랐다. 중국에 와서 병치료나 잘 해 보려 하였는데 어디 생각과 같은가? 병 보이려 해도 돈이요, 뻐스 타자 해도 돈이요, 돈 없이는 모든 일을 할 수 없었다. 그리하여 한 아바이 소개로 광산에서 3개월 일하였는데 로임은 한푼도 받지 못했다. 그러는 중 광산주인은 우리에게 빨리 이곳을 떠나라고 하였다. 왜냐하면 누가 공안국에 고자질했기에 여기에서 붙잡히면 주인도 벌금을 한다는 것이다. 주인은 매인당 100원씩 주면서 다른 곳으로 가라 하여 류랑의 길에 올랐다.

길을 걷고 걷다가 한 농장 마을에 와서 밥을 빌어먹었다. 그 집 아버지가 말하기를 앞마을 목축업을 하는 아저씨네 집에서 로력을 요구한다 하여 그 집을 찾아갔다. 그 집주인은 나보고 먹고 자고 입을 것을 주고, 그 외 매달 50원이라는 로임을 지불하려고 하는데 어떤가 하고 물었습니다. 참 로임이 작다고 하자니 어디에 가서 일거리를 찾고 먹고 자고 하겠는가? 그래서 그 집에서 일하기로 작심하고 대답하였다.

그 집에서 4개월간 일하다가 병이 발작하여 일을 할 수가 없게 되었다. 일주일간 주인집에서 치료하고 있다가 내 병이 폐결핵임을 안 주인은 200원 주면서 빨리 떠나라는 것이었다. 그리하여 두 번째 류랑길에 올랐다. 걷고 걸어 한 농장 마을에서 점심을 빌어먹는데 주인집 어머니가 말하기를 연길 어느 곳에 가면 로력을 쓴다 하면서 오후 1시 발차로 연길에 가라고 알려주어 연길에 왔다.

그 어머니 알려준 주소대로 가 공부를 찾아가니 주인은 나보고 국수가공부에서 일하고 자고 먹고 로임은 100원이라고 하였다. 국수가공부에서 일하기가 참 말이 아니다. 아침 일찍 일어나 가공부 청소, 가루내기, 국수가공, 모든 일이란 일은 내가 도맡다시피 하여 왔다. 하루에 적어도 15시간 로동을 해야 했다. 그래도 주인은 만족이 없다. 때로는 눈치 없이 앉아 있으면 주인은 쌍욕으로 모욕하였으며 서책에서 나온 머슴마냥 하루종일 일하여도 욕보기가 일쑤였다. 그래도 무슨 방법이 있겠는가?

참 원통하다. 하루빨리 조국이 통일되어야 우리 조국도 잘 살련만. 그날이 어느 때에 오겠는지. 그날이 오기를 손꼽아 기다리면서 하루하루 살아간다.

함경북도 새별군, 22세 남성/405

1997년 12월, 나는 집을 떠나 나흘간 걸어 종성에 있는 딸집에 와서 이틀간 묵고 새벽 2시경 도강하여 중국에 왔다. 왜 타국땅에 왔는가구? 왜 왔겠는가? 말하지 않아도 알겠지만 이야기하려 한다. 지금 북한땅 방방곡곡 그 어디에서나 식량난과 약품난으로 인민들이 헐벗고 굶주림과 병마에 걸려 약도 못 쓰고 죽어가는 형편이다. 우리집도 마찬가지로 병마와 굶주림에 헤매고 있는 처지이다. 안해는 결핵병에 걸려 약도 못 쓰고 죽었고 나 역시 위병을 앓다보니 어떻게 살아갈 수 있겠는가? 살자 해도 살 수 없고, 죽자 해도 숨이 떨어지지 않으니 말이다. 그래서 딸집에서 이틀간 묵고 도강의 길에 올랐다. 딸집에 며칠 더 묵자 해도 말이 아니다. 내가 딸집에 하루 묵으면 딸이 하루 굶어야 하니 어떻게 자식을 굶게 하겠는가? 중국에 있는 먼 친척들의 방조를 받으려고 왔는데 모두 생활이 그럭저럭 입밥이나 먹고사는 형편에 어떻게 방조를 요구하겠는가? 그래서 이집저집 돌아다니면서 생활하던 중 친척들이 말하기를 여기에 오래 있으면 안 된다고 하면서 한 농장 마을에 보냈다.

거기에서 소도 사양하고 기음도 매면서 하루하루 지냈다. 그러나 나이가 원쑤라고 모든 일이 나에게 참 힘들다. 주인집에서는 모든 잡일을 나에게 도맡기었다. 하루라도 휴식시간이 없다. 똑 마치 옛날의 머슴마냥 이 일을 하라면 이 일, 저 일 하라면 저 일, 어려운 일이란 일은 모두 내가 해야만 했다. 그러는 중 위병이 발작하여 일을 할 수 없게 되었다. 그러니 누가 저를 공짜 밥을 먹이고 치료해 주겠는가? 주인집에서는 100원을 주면서 친척집에 가서 병을 치료하라고 보냈다.

친척집에서 치료를 거친 후 또 다시 농장에 가서 먹을 벌이를 하였다. 그러는 중 기독교에 있는 동포의 도움으로 300원을 받았다. 그리고 주인집에서 내가 돌아가려 하니 100원을 주었다. 거기에다 친척들의 방조로 곧 돌아가려 한다. 어느 때 가면 북한땅도 중국처럼 식주가 해결되겠는지. 이 몸에 흙이 덮이기 전에 그날이 오겠는지. 그날이 오기를 기원하는 바이다.

함경북도 은덕군, 61세 남성/404

    1998년 9월, 집을 떠나 회령에 있는 딸집에 왔다가 며칠 후 밤 12시경에 도강하여 중국에 왔다. 중국에 와서 한 청년의 소개로 덕신이라는 곳에서 양을 몰고 있다. 그 주인집은 한족이어서 말이 통하지 않아 말이 아니다. 하루 양을 몰고 돌아와서는 나무를 패고, 아침이면 양우리를 청소해야 했으며, 하루에 14시간이란 고된 로동을 해야 했다. 그래도 조금만 앉아 휴식하면 이것저것 일을 하라고 한다. 옛날에 머슴과 무슨 다른 점이 있겠는가? 조국에 있으면 그래도 자유는 좀 있으련만 여기에는 자유란 것을 생각조차 못한다. 나는 지금 돌아가려 한다. 주인집에서 돈을 얼마 주려는지. 그래도 제 집이라는 곳으로 가야 하겠다. 죽어도 묻을 곳이 있게 말이다.

함경북도 무산군, 61세 남성/185

    1998년 2월, 나는 중국으로 도주하였다. 북조선에서의 생활은 정말 돌아보고 싶지 않다. 비록 평양시에서 산다지만 두부 한 모를 먹자 해도 김일성생일이나 김정일생일을 기다려야만 했다. 내가 듣기로는 어떤 곳에서는 굶주림으로 사람 죽은 시체도 끓여먹는다는 것이었다. 정말 머리 끝이 올라갈 무서운 일이었다. 나는 기차를 타고 신의주까지 와 압록강을 건너 중국 단동까지 무사히 왔다.

거기에서 나는 밥을 빌어먹기도 하고 막일도 하여 돈을 조금 벌어 가지고 또 연변으로 가는 기차에 올랐다. 그리하여 연변의 내가 지금 살고 있는 이곳에서 내렸다. 내가 내릴 땐 어두운 밤중이었다. 나는 지치고 배가 고파 어느 집구석에서라도 좀 새우잠을 자려고 서성거렸다. 그런데 한 무리의 술을 잔뜩 마신 불량배가 나를 보고 돈을 내라고 하며 돈을 내놓지 않으면 죽여버리겠다고 하였다. 강도를 만난 것이 틀림없었다. 거지처럼 북조선에서 도주한 나보고 돈을 내놓으라는 그들이 하도 기가막혀 돌아서 가려는데 그들이 달려들어 나를 두들겨 패고 발길로 찼다. 나는 안간힘을 써 그들을 뿌리치고 정신없이 앞으로 내달았다. 온 몸은 쑤시는 듯 아파 식은땀이 뚝뚝 흘러내렸다. 날씨 또한 어찌 추운지 홑옷을 입은 나는 견디기 어려웠다. 나는 남의 집 창고에 들어가 추위를 피하면서 날이 밝기만 기다렸다. 지치고 아픈 몸을 끌며 길손들에게 돈을 구걸하였다. 그들은 상처투성이인 내가 가련해보였는지 아니면 이곳의 인심이 무척 좋아서인지 사람마다 나에게 동정의 눈길을 보내며 돈을 조금씩 주었다. 나는 배가 너무 고파 쓰린 위를 붙들고 한 식당을 찾아 들어가 먹을 것을 청하여 정신없이 퍼먹었다. 식당주인은 한 50세 되는 아주머니였는데 내가 먹는 꼴을 보고 가련하게 여겨지는지 왜 온몸에 상처를 많이 입었느냐고 물었다. 나는 설움에 겨워 울며 그에게 내가 도주한 경과를 말해 주었다. 그러자 그 아주머니는 참 불쌍한 사람이라고 하며 여기서 잡일을 하지 않겠는가고 물었다. 나는 떠도는 부평초 같은 운명이 이제야 결속되는가 싶어 인차 그러겠다고 하였다. 아주머니는 나에게 로임도 푼푼이 주고 먹을 것도 마음대로 먹게 하였으며 잠자는 칸도 깨끗한 걸로 마련해 주었다. 비록 매일 일에 지쳤지만 마음만은 더 없이 유쾌하였다. 그런데 몇 달 후의 어느 날, 그 아주머니는 요즘 중국 경찰국에서 북조선사람들에 대한 수색이 심하니 농촌에 가서 피해있으라고 하였다. 나는 떨어지기 싫은 걸음으로 그 아주머니가 소개한 농촌으로 갔다. 나는 또 거기에서 그들의 밭일도 도와주고 땔나무도 해다 주었다. 그리고 짬만 있으면 그 아주머니가 있는 식당에 가 일을 거들어 주었다. 그 아주머니에 대한 은혜는 죽어도 잊을 수 없다.

나는 지금부터 남북이 통일되는 그날만을 고대한다. 그러면 우리 조선사람들도 자유롭게 근심 걱정 없이 살게 될텐데……

평양특별시, 25세 남성/341

나는 금년 1월에 집에 있는 아이들이 굶는 걸 차마 볼 수 없어 중국에 있는 친척집을 찾아왔다. 겨우 친척집을 찾아 들어갔는데 친척집의 생활도 아주 구차한 편이었다. 며칠 있는 동안 나는 별의별 생각이 다 났다. 돌아가자니 빈손으로 갈 수도 없고 있자니 눈치 보이지, 다행히 친척집에서 나를 보고 삼륜차를 하면 돈을 좀 벌 수 있다고 하면서 삼륜차를 얻어주었다. 나는 그 이튿날 새벽부터 저녁 늦게까지 삼륜차를 몰았는데 하루에 10원씩 벌었다. 그러던 어느 날 저녁 한족사람 2명이 앉아 한족말로 어디에 가겠다는 것이었다(술을 먹었음). 나는 그 말을 알아듣지 못해 다른 곳에 갔다. 그랬더니 그들은 무엇 때문에 이 추운 밤에 다른 곳으로 데려왔는가 하면서 나를 마구 때렸다. 나는 어찌나 맞았는지 귀에서 피가 나고 코에서 피가 나고 지금 말도 잘 들리지 않는다. 우리 조선은 쌀이 없는 고생은 많이 하지만 중국처럼 이렇게 무지막지하지는 않다.

함경북도 청진시, 42세 남성/387

3세 난 아들과 안해가 앓고 있으므로 돈 벌러 중국에 왔다. 림장에서 1개월 일하여 200원을 얻었고 산에 가서 돌깨기로동이 로임이 많다고 해서 갔는데 반달 일했다. 그런데 로임을 주지 않아 그곳을 떠나 교하에 와서 일주일 일하다가 중국 조선족의 소개로 서란시 어느 마을에 가서 농사일을 시작하였다. 이곳은 중국공안에서 한 달에 한번씩 심사가 있는 바람에 안정하게 일을 할 수 없었다. 중국공안에서는 통일적으로 조선사람을 수색하여 보낸다고 하기에 어디로 가든지 한 달에 한번은 순라를 목격하므로 심장병에 걸린다. 바람소리 살랑 나도 가슴이 두근두근, 사람소리, 기침소리, 개소리 모두가 진정할 수 없다.

조선사람을 안정적으로 로동할 수 있게 하여 주었으면 한다.

함경북도 길주군, 33세 남성/738

몇 년 계속해서 배급도 신봉도 나오지 않아 극심한 식량곤난으로 시어머니와 남편은 이미 세상을 뜨고 말았다. 중국에 외삼촌이 계시는데 이 몇 년 간 큰 도움을 받았다. 작년 가을에 외삼촌이 간염약을 남양에까지 와서 주어 그 약을 썼으나 이미 병세가 기울어졌기에 효과를 보지 못하고 말았다.

외삼촌도 공장에 출근하는데 몇 달 동안 공장이 불경기에 처하여 신봉을 받지 못한다고 하기에 더는 외삼촌에게 도와달라고 할 정황이 못 되었다. 그래서 나는 집식구를 살리기 위해 일거리를 찾아 도강하였는데, 정작 와 보니 일거리를 얻기가 매우 곤난하다. 변경지구는 조사가 매우 심하고 붙잡히면 조선에 압송해 가고 주인에게도 거액의 벌금을 내도록 하니까 누구나 감히 일을 시키지 못하고 있다. 외삼촌은 나에게 로비를 주면서 흑룡강성 녕안시에 가라고 하였다.

내가 녕안에 와 인차 조선족이 경영하는 국수집에서 먹고 자고 하루에 7원씩 받는다. 그런데 이곳은 조사도 그리 심하지 않아 누가 정식으로 정부에 밀고하지 않으면 모르는 체 한단다. 나는 몇 달 동안 일하여 돈을 모아 가지고 집에 돌아가 남은 집식구를 살리려 하는데 그때까지 집식구가 살 수 있겠는지 모르겠다.

함경북도 새별군, 41세 여성/430

나는 림산사업소 로동자로서 식솔이 4명으로 아이 둘과 애어머니, 그리고 나이다. 1998년에 식량난과 약품난으로 아이 둘 다 떠나보내고 우리 부부만 남았다. 그러는 중 나의 처도 중병에 걸려 장사를 할 수 없게 되었다. 그러니 무엇을 먹고 살며 안해의 병은 무엇으로 치료하겠는가? 그리하여 고려하고 고려하던 끝에 죽어도 앉아 죽지 말고 중국에 와서 애어머니 병도 치료할 겸 살 길을 찾아 도강의 길을 선택하여 1999년 1월, 밤 12시경에 중국에 왔다.

중국에 와 보니 정말 꿈나라와 같다. 먹는 것은 모두 흰밥이고 입는 것은 더 말할 것도 없다. 우리 북한땅 같으면 언제 남에게 밥 한 끼 먹이겠는가? 주인집에서는 먹고 자고 년말이면 1,000원 준다고 하면서 그 집일(한전농사) 함께 하자고 하여 그 집에서 농사일 준비를 하고 있다. 지금 일하고 있는 일이라면 모판정리, 비료내기, 나무하기, 나무패기, 목축사양 등인데, 주인집에서는 중국약을 주어 나의 처도 병환이 좀 완쾌되어 일할 수 있게 되었다.

그러나 자유와 인권을 잃은 우리는 모든 일에 자유가 없다. 더욱 여기서는 말부터 조심해야 한다. 사람들이 많이 모이는 곳은 피하여 다녀야 하며, 좋든 나쁘든 일만 고스란히 해야만 한다. 그렇지 않다가 안전부에 고자질 들어가면 붙잡혀 북한땅으로 가야 하니, 북한땅에 가면 살래야 살 수 없고 죽을래야 죽을 수 없는 그런 곳에서 평생을 지내야 하니까 죽는 것과 다른 점이 없다. 북한에 가면 조국 배반자, 매국노······ 여하튼 붙잡혀 가면 살아 나올 수 없다. 지금은 그럭저럭 나날을 보내고 있는데 이후에는 어떻게 되겠는지. 하루빨리 조국이 통일되어야 우리 민족도 떳떳이 고개를 들고 살 수 있는 그날이 어느 때 오겠는지?

함경북도 회령군, 37세 남성/406

몇 년 동안 국가에서 주던 배급은 끊어지고 매달 나오던 신봉마저 주지 않으니 지금 우리 인민들 중 굶어죽은 사람이 말할 수 없이 많다.

중국 농촌의 농기구를 보관하는 움막. 한 때 북한 '식량난민'들의 임시피난처

또 목숨은 붙어 있으나 영양실조로 고생하는 사람들이 헤아릴 수 없이 많다. 억지로 우리 인민들에게 강행군 호소를 내렸지만 뼈밖에 없는 신체에 어떻게 강행군에 발맞출 수 있는가? 쌀알 하나 먹지 못하고 어떻게 일하겠는가? 장마당에는 먹을 것도 있고 의복도 있지만 우리 같은 일반 백성들은 구경할 뿐이다. 중국에 친척 있는 사람들은 친척들의 방조로 괜찮게 살고 중고옷도 가져다 림시 먹고 입고 살 수 있다. 하지만 어디 믿을 곳 없는 우리는 굶어죽는 길 외 훔치는 것과 중국으로 도강하여 돈을 벌거나 벌지 못하면 빌어오는 이 길밖에 없다.

나는 생각 끝에 중국으로 도강해 왔다. 나는 나라를 팔아먹는 배신자도 아니다. 집식구들을 살리려고 비법 도강했는데 겨우 일거리를 찾았다. 그 일은 보이라(보일러) 불을 때는 것인데 보이라 불을 땔 수 있는 증명이 있어야 한다. 증명서가 없는 나는 수시로 검사가 올 때면 살피다가 변소에 숨었다가 나오곤 했다. 나는 불 때는 데서 끝내 배기지 못하고 20여 일 하고 해임되어 나왔는데 400원 받았다. 지금 나는 돼지 뜬물을 지정한 식당에 가서 받아다가 돼지 기르는 곳까지 가져가는 일을 하는데 한 캉에 10원 준다. 나는 인차 집에 갔다 오겠다. 여기서 이밥을 먹을 때마다 자식들 생각에 목이 메여 내려 안 간다. 우리나라는 언제

가서야 량식난이 해결될 수 있겠는지?
외국에 계시는 우리 동포들이여! 우리 조선 민족을 구해달라. 수많은 사람들이 굶어죽고 얼어죽고 있다.

황해남도 신천군, 46세 남성/413

배급이 끊어지니 나는 중국에 계시는 외삼촌의 도움으로 장사를 시작하여 이 몇 해 동안 푸대죽으로나마 끼니는 이어왔다. 그런데 수 년 동안 배급도 신봉도 나오지 않으니 장사도 날이 지나갈수록 점점 더 되지 않아 인제는 장사 밑천까지 다 부레 먹고나니 장사도 계속할 수 없고 식량도 다 떨어져 식구들은 맨 풀을 먹고 하루하루를 겨우 지내고 있다.

온 식구가 굶어죽게 되니 할 수 없이 도강하여 중국에 계시는 외삼촌을 찾아갔다. 외삼촌은 조선에 친척이 우리 외에도 여러 집이 있다. 그런데 모두 외삼촌에게 의지해 집식구의 생계를 유지하려 하니 인제는 외삼촌도 경제능력이 따라가지 못하여 어쩔 방법이 없게 되었다. 내가 이번에 또 와 보니 외삼촌의 처남 둘이나 함께 와 손을 내미는데 나까지 찾아 들어가니 외삼촌은 딱해하지 않을 수 없었다.

나는 큰 외조카집에 가 며칠 있으면서 일자리가 나서기를 기다렸다. 외조카의 친한 동무가 음식점을 꾸리고 있기에, 동무의 면목을 보고 붙잡히면 큰 손실을 볼 위험성도 무릅쓰고 일을 하게 하였다. 만일 붙잡히면 조선에 압송되어 갈 뿐만 아니라 주인이 5,000원 내지 10,000원 벌금을 하게 된다고 하니 각별히 주의하여 사람들 눈에 크게 띄지 않는 일을 열심히 하고 있는데 오랫동안 일을 할 수는 없다.

우리 조선의 식량곤난은 언제 가서야 해결되겠는지. 나의 눈에는 아무런 희망도 보이지 않는다. 우리 조선이 식량곤난이 해결되는 날까지 우리가 살아나갈 것 같지 못하다.

함경북도 경성군, 53세 여성/320

집식구들이 끼니를 이어가지 못하게 되니 어머니는 나더러 중국에 건너가 살 길을 찾으라고 하였다. 우리집은 중국에 친척이 한 집도 없기에, 친척을 찾아가는 동무와 같이 도강해 왔다. 중국 연길시에 와 일자리를 찾으려 하니 붙잡히면 많은 벌금을 한다고 하여 모두 거절하였다. 흑룡강성에 가면 일자리를 찾기 쉽고 안전도 하다고 하기에 나는 역전에 나가 조선족을 보고 돈을 빌어 겨우 30원이 되니, 흑룡강성에 가는 조선족을 찾아 녕안시에 도착하였다. 녕안에서 그리 고생하지 않고 음식점에서 일하게 되어 안도의 숨을 쉬게 되었다.

지금 나더러 시집가라는 소개자가 매일 찾아오고 있다. 그러나 나는 아무리 좋은 자리가 있어도 시집가지 않으려고 한다. 굶고 있으면서 내가 돈을 모아 가지고 오길 기다리는 집식구들을 생각하면 시집갈 생각은 더욱 나지 않고 몇 달 간 완전히 일을 하여 돈을 모으면 집에 돌아가 집식구를 구할 생각뿐이다.

매일 산나물을 캐어오고 뙈기밭농사도 하며 소나무껍질과 벼뿌리를 가공하여 끼니를 이어가나 어머님은 이런 대식풀마저 얼마 자시지 않고 매일 일만 하던 일이 눈앞에서 사라지지 않고 있으며 지금까지 살아 계실까 하는 생각을 하면 저절로 나오는 눈물을 막을 수 없다. 13세 난 남자 동생이 송기떡을 먹고 변비가 생겨 대변을 보지 못하여 고생하는 것을 보고 집을 떠났는데 어떻게 되었는지 생각할수록 잠을 이룰 수가 없다. 유엔과 해외동포들이 우리를 도와주기를 바란다.

함경남도 정평군, 26세 여성/353

몇 해 동안 련속 배급도 신봉도 나오지 않으니 집식구들이 굶어죽게 되었다. 나는 할 수 없이 또 도강하여 중국에 있는 오빠를 찾아갔다. 근년에 오빠의 도움을 여러 번 받았지만 렴치 불문하고 또 도강하여 와 보니 오빠네는 조선에 친척이 많아, 여러 집에 많은 도움을 주었지만, 끝이 없이 계속 손을 내밀고 있으나, 지난해에는 세월이 좋지 않아 벼농사가 전혀 되지 않아 자기집 식량도 모자라는 형편이었다. 나는 무슨 일이건 하려고 하여도 농촌에서 일자리를 찾을 수가 없었다.

흑룡강성에 가면 안전하기도 하고 일자리도 찾기 쉽다고 하며 조카들이 로비를 대어주어 나는 흑룡강성 녕안시에 와 며칠 안 되어 한 조선족 국수집에서 일할 수 있게 되었다. 그 집에서 먹고 자고 하루에 7원씩 받고 일하고 있다. 나는 지금 몇 달 동안 일하여 돈을 모아 가지고 집에 돌아가려 하는데 그때까지 집식구들이 살아 있을지 모르겠다. 지금도 여전히 배급도 신봉도 전혀 나오지 않기에 산나물을 캐어오고 소나무껍질과 벼뿌리를 가공하여 끼니를 때우니 부중이 오고 변비가 심하여 어린 아이들은 그것이 목구멍으로 넘어가지 않아 굶고 있어서 오랫동안 지체하지 못하리라 생각하니 눈물만 앞을 가린다.

지금 우리 조선의 식량곤난은 우리나라 자체로서는 해결할 수 없다. 유엔과 해외동포들이 우리를 도와주기를 바란다.

함경북도 명천군, 54세 여성/431

체포, 강제송환, 처벌

초대소를 개조하여 만든 북한의 9·27수용소

저는
조국을 배신하려는 것이 아닙니다.
제 머리 속에는
쉼 없이 눈물짓는 어머니와
힘 없이 시들어가는 자식이 있을 뿐입니다.
그들을 살려야 합니다.
저는
강을 건널 수밖에 없습니다.

1996년 7월, 나는 천신만고를 겪으며 신의주를 걸쳐 중국에 왔다. 나는 길거리에서 류랑 걸식하다가 어느 날 한 조선족 아바이를 만났다. 그 아바이는 나의 불행한 신세를 동정하며 집으로 데려가 밥을 먹여주고 어떤 타산인가 물었다. 나는 연변에 조선족이 많으니 거기로 가서 일을 찾아 돈을 벌 작정이라고 하였다. 그 아바이는 나의 손에 300원을 쥐어주며 로비로 쓰라고 하였다. 나는 감격에 목이 메여 울면서 아바이와 작별하고 알려준 로정대로 기차에 몸을 실었다.

　중국 심양이라는 곳에서 기차를 바꿔 타고 연변땅에 도착하였다. 나는 닥치는 대로 아무 식당을 돌아다니며 나의 불행을 얘기하며 일꾼으로 쓰기를 애걸하였다. 처음 몇 집은 북조선사람은 안 쓴다며 나를 문 밖으로 내몰았다. 과도한 피로와 굶주림으로 어느 음식점 문 앞에서 정신을 잃고 쓰러졌다. 내가 정신을 차렸을 때는 따뜻한 구들 위에 누워 있었다. 나의 머리맡에는 나와 나이가 비슷한 청년이 앉아 담배를 피우고 있었다. 그는 내가 깨어나자 어찌된 일이냐고 물었다. 나는 그에게 나의 기구한 운명을 말하며 식당에서 나를 일꾼으로 쓰지 않겠느냐고 물었다. 그는 통쾌히 대답하며 근심 말고 여기 있으라고 했다.

　그래도 세상에는 마음씨 고운 사람이 많았다. 그는 나를 동생처럼 보살펴주고 로임도 푼푼이 주었다. 그러던 어느 날 음식점으로 사회불량배

청년들이 모여 와 먹고 마시고 돈은 후에 갚겠다며 나가려고 하였다. 주인은 안 된다고 잡아떼며 그들의 앞길을 막아섰다. 그들은 입에 담지 못할 쌍소리를 하며 나의 주인에게 주먹질을 하며 그것도 성에 차지 않는지 발길질까지 하였다. 나는 형님과 같은 주인이 맞아대는 것을 더 참을 수 없어 식칼을 휘두르며 그들과 맞섰다. 그들은 목숨을 건 내 모습이 두려워서인지 이제 두고보자고 하면서 쓸어갔다.

며칠이 지난 어느 날 저녁이었다. 경찰복을 입은 사나이 2명이 와 다짜고짜로 나에게 족쇄를 채워 끌고갔다. 주인이 어찌된 일이냐고 물으니 누구한테서 내가 북조선에서 도망쳐 왔다는 밀고가 와 붙잡아간다는 것이었다. 나는 감방에 갇혀 있다가 다른 곳에서 붙잡혀온 조선동포 6명과 같이 북조선으로 돌려보내는 길에 올랐다. 나는 기회를 타 도망치려고 결심하였다. 북조선에 넘어가면 어떤 고역을 치를지 모를 일이기 때문이다. 그날 밤 우리 7명은 경찰들이 밥 먹으러 간 틈을 리용하여 란간을 부수고 뛰쳐나왔다. 나는 뒤도 돌아보지 않고 죽기내기로 뛰었다. 도주엔 성공하였지만 어디로 갈지 막막하였다. 본래 주인이 있는 음식점으로 돌아가자니 또 다시 붙잡혀 갈까 봐 무서웠다.

지금 나는 이렇게 부평초와 같이 여기저기로 밥을 빌어먹거나 막일을 하며 매일매일을 근근이 보낸다. 정말 나는 먹을 걱정, 입을 걱정 없이 지낼 자유로운 조국으로 돌아갈 수 있기를 기대한다.

평안북도 구장군, 28세 남성/308

나는 아버지와 함께 청진에 일보러 왔다가 사람장사꾼을 만났다. 그는 나에게 중국에 시집가지 않겠느냐고 물었다. 소문에는 조선녀자들이 중국에 시집가는 게 많다고 하였지만 내가 직접 만나보니 어떻게 대답했으면 좋을지 망설였다. 나는 그날 밤 이모네 집에서 자면서 아버지와 이모하고 가만히 말했더니 이모는 너 마음대로 하라고 하였는데 아버지는 동의하지 않았다. 나는 밤새 아버지를 설복시켜 그렇게 하기로 하였다.

　나는 그 아주머니가 알려준 지점에 가니 벌써 4명의 처녀가 와 있었다. 우리 5명은 그곳에서 아주머니 길 안내로 회령으로 하여 중국 삼합이라는 곳에 도착하니 새벽 4시 반쯤 되었다. 그 아주머니는 우리를 데리고 곧추 한집을 찾아 문을 두드리고 들어갔는데, 바로 그 집이 정해놓은 숙소였던 것이다. 우리가 그 집을 들어가니 집주인은 반색하며 우리보고 들어오라고 하였다. 오느라고 몹시 고생하였다며 과일을 내놓으면서 먼저 요기나 하라고 하고는 인차 밥을 지었다. 어느 새 한 상 푸짐히 차려놓고 빨리 먹으라고 하였다. 우리는 처음 만난 음식이라 정신없이 먹었다. 우리가 밥을 먹고나니 그 집에서는 준비해 두었던 옷을 내놓으며 입으라고 하고는 길 안내하던 아주머니와 집주인은 무엇이라고 말하더니 주인과 함께 밖에 나갔다. 아마도 그 아주머니가 집주인에게서 돈을 받아가지고 간 모양이다. 그리고는 한참 후에 차가 오더니 우리 5명을 차에 앉으라고 하고 주인이 따라 나서 어디론가 우리를 싣고 가더니 한 마을에 가서 차를 세워놓고 하나하나씩 팔아버렸다.

　이렇게 되어 우리는 산지사방으로 헤어진 것이 서로 어드메 있는지 아직까지 모르고 있다.

　다행히 나는 나보다 나이가 8년 이상인 데로 시집갔지만, 남편되는 사람은 마음씨가 착해 나를 무척 아끼고 사랑해 주었다. 또 시부모들도 나를 끔찍이 생각해 주었다. 그러던 어느 하루 내가 임신 3개월인지 안 마을 부녀주임은 호주 없는 아이를 낳을 수 없다면서 무조건 유산하라고 하였다. 만일 유산을 하지 않을 때에는 10,000원을 준비하라고 하였다. 당금 100원을 내놓으라고 해도 바쁜 우리 신세에, 더구나 나를 사오느라고 4,000원이란 빚을 지게 되었는데 또 어떻게 빚을 질 수 있겠는가? 할 수 없이 우리는 병원에 가서 유산해 버렸다.

　그 일이 있은 두 달 후 파출소에서 차를 가지고 다니면서 조선사람이 있다는 집은 몽땅 훑으며 붙잡았다. 그리하여 우리 마을은 조선녀자 5명이 있었는데, 온 마을에 울음판이 벌어져 그 장면을 보고 울지 않은 사람이 없었다. 서로 갈라지기 아쉬워 우는 사람, 파출소 사람의 다리를 붙잡고 제발 살려달라고 애원하며 울며불며 하였건만 아무런 소용이 없었다. 그들도 마지못해 이렇게 한다면서 상급의 지시니 우리도 별 방법이 없다고 하면서 눈물을 흘리었다. 이렇게 되어 보위부감옥이라는 곳에 우리를 가두었다. 그리고는 차고 때리고 있는 쌍욕을 다하였다. 나는 이렇게 10일 감옥에 갇혔다가 집으로 갔다. 할 수 없이 또 배를 쫄쫄 굶으며 두 달을 견지하고는 더 이상 참을 수 없어 다시 중국으로 건너왔다.

간신히 지친 몸을 끌고 집에 들어섰을 때 남편은 너무나도 꿈만 같다면서 기뻐 어쩔 바를 몰라했다. 우리 둘은 서로 한참 동안이나 울었다. 그 동안 남편은 나를 보내고 너무 속을 썩이며 오랫동안 앓고 있었단다. 나도 그 사이에 겪은 이야기를 하였더니 아무튼 어떤 고생을 했던 간에 돌아왔으니 됐다고 하였다. 나는 이렇게 한번 붙잡혀 갔다 온 다음부터는 겁이 나서 바깥에도 나가기 싫었고 누가 꼬장질할까 봐 겁이 났다.

언제까지 숨어서 살며 잡혀갈지 모르는 이 내 운명, 하루빨리 통일되어 시름 놓고 살았으면 얼마나 좋겠나.

자강도 희천시, 23세 여성/550

1월 중순에 살고 있던 곳을 떠나 남양에서 3일 묵고, 1월 말에 남양철교 밑으로 해서 도문으로 왔다. 1998년 굶어 아버지가 세상 뜨시고 어린 아들마저 굶어죽게 되어 별 수 없이 중국 친척 도움 받자고 찾아왔다.

나는 지금까지 중국에 세 차례나 왔다. 작년 2월에 건너가 시름 놓고 역전에서 짐을 베고 한잠 자다가 구속되어 가져간 짐도 모두 빼앗기고 일주일 온성감옥에 갇혀 있다가 나왔다. 구속기간, 멀건 죽 한 사발씩 주면서 중국에서 누구와 접촉하였고 남조선 안기부의 어떤 임무를 받고 왔는가? 하는 질문에 좀만 잘못 말하면 사정없는 몽둥이 찜질을 받아야 했다. 6평방 정도 되는 감방에서 조금만 움직이거나 졸면 살창가에 세워 놓고 냉수로 마구 덮씌워 옷도 모두 젖어 추운 감방에서 꼿꼿이 언 옷에 얼어죽을 것만 같았다. 처자가 아니면 당장에 죽고 싶은 생각이 불붓듯 했다.

조선도 하루빨리 통일되든지 개방되든지 하여 한 끼라도 배불리 먹고 살았으면 좋겠다. 만 백성이 살려고 타국땅으로 넘어가도 정부는 무관심하다. 만 백성이 굶어 숨져도 속수무책이니 이런 정부 믿고 어찌 살겠는가……

중국땅만 건너 서면 옷을 준다. 밥을 준다 하는데 조선땅에선 근본 볼 수 없는 상황이다. 세상에 부럼없다던 조선이 이 지경이 되었으니…… 전세계 백의 동포들에게 우리 조선민족을 살려달라고 애원하고 싶다.

함경북도 청진시, 37세 남성/368

친척의 도움을 얼마씩 받고 가서는 그것을 밑천으로 되넘기는 장사를 하곤 하였는데, 장사는 하면 할수록 밑지고 들어 나중에는 밑천마다 없어지곤 했다. 그러면 별 수 없이 중국에 있는 친척들한테 와서는 돈을 조금씩 얻어 가곤 하였다. 그런데 1999년 1월 네 번째 넘어가다 붙잡혀 온성감옥에서 36일 갇혀 숫한 매도 맞고 힘든 일도 하면서 갖은 수모를 다 당했다. 반역자들이 이렇게 많으니 전쟁만 나면 이자들이 소동을 피우거나 정부에 항의하겠으니 차라리 때려 죽여버려야 한다는 것이었다.

감옥 자체가 지옥이고, 화장실이고, 이 소굴이었다. 옥수수껍질에 대충 주는 밥을 도저히 먹을 수 없지만 그것마저 먹지 않으면 죽을 것이니 지독한 매 맞아 피 뚝뚝 떨구면서도 입에다 움켜 넣어야만 했다. 나는 원래 신체가 튼튼한 축에 들었으나 한 달이 지나니 움직일 힘조차 없었고 그저 '이 감옥에서 죽는구나' 하는 생각에 부대꼈다. 목숨 넘어가기 전에 내보낸다고 하여 36일 만에 집식구들이 데려갔다.

감옥 생각만 해도 몸서리친다. 컴컴한 감방에서 내가 있는 기간에도 6명이 죽어나갔다.

한 달포 조리하여 좀 걸을 수 있고 하니 죽어도 중국에 가 돈 벌어서 먹고 싶은 것 실컷 먹고 죽어야겠다고 생각했다. 그래서 처와 아들을 데리고 3월 살던 곳을 떠나 도문 방향으로 남양에 도착하여 밤 10시에 건너왔다. 한 10일 잘 먹으니 눈이 잘 보이고 정신이 나는 것 같다. 친척집 소개로 과수원에 한집식구 살면서 과수원일 거들어주었다.

세 식구, 초소를 무사히 오고자 경비대에게 1,000원을 주고 넘어왔다. 경비대도 잘 먹지 못해 돈만 주면 탈국자도 무사 통과시킨다. 내가 탈국하는 것도 물론 나쁘지만 나라를 지키는 군인들이 돈만 주면 탈국자들을 무사 통과시키니 나라가 장차 어떻게 되겠는지? 계속 이 형태로만 나간다면 조선은 무너지고 말 것 같다.

통일이 오기나 하겠는지? 지금엔 신심마저 없다.

함경북도 청진시, 32세 남성/676

나는 중국에 다섯 번 왔다갔는데 다섯 번째 건너가다 붙잡혀 온성감옥에 갇히게 되었다. 자주 중국으로 다닌다는 밀고가 들어갔기에 중국에서 어떤 사람과 접촉하는가에 대한 의심 때문에 혹독한 매도 많이 맞았다. 머리가 터졌고 다리뼈가 끊어져 꼼짝 움직일 수 없기에 방법 없이 가정과 련계하고 내보냈다. 반년이 넘은 지금도 다리를 절고 있다.

감옥에서의 처벌은 진짜 일본놈때 혹형이라 할 수 있다. 주리를 틀고 두 팔 평형으로 들게 하고 조금만 움직여도 물매가 안겨지고 말하면 '거짓말한다. 토실하지 못한다' 하고, 입 다물면 '주둥이 붙었는가' 하고 생트집이니 이래도 맞고 저래도 맞을 바엔 입을 완전히 다무는 것이 상책이었다. 감방은 어두웠을 뿐만 아니라 고약한 냄새로 사람을 질식하게 할 정도여서 한 시각 있는 것이 죽을 것만 같다. 진짜 지옥이다. 진짜 파쇼다. 붙잡혀 맞아도 앉아 굶어죽기만 나으니 1999년 2월 풍인에서 밀강으로 건너왔다. 싸들이나 얻고 옷건지나 얻어 집식구 좀 살게 해 놓고 봄부터 중국에 와 일해 돈 벌려 한다. 천대받아 벌어서라도 살아야 한다.

살다보면 조선도 돌아설 때가 있겠지? 조선도 그 언제면 잘 먹고 잘 살 때가 있겠지? 전세계 백의 동포들도 조선의 실제 정황을 잘 알고도 남음이 있는데 조선정부는 내부실정의 폭로를 두려워하고 항상 거짓회보에 신경 쓰고 있으니 중간 관리배들부터 청산해야 하지만 매차례 선거 자체 역시 위에서부터 지명선거로 끝이니 그 모양 그 본새일 밖에 없다.

중국정부에서 조선에서 살 길 찾아오는 사람들을 붙잡아 돌려보내지 말고, 살 곳을 마련하여 조국이 회복되면 다시 돌아가 살게 해 주었으면 좋겠다. 조선 자체는 독단적으로 나오니 별 수 없기 때문이다.

남조선 역시 우리의 살 길을 열어주어 남조선 문을 열어주어 우리도 마음 펴고 살게 해 주었으면 감사하겠다. 조선동포들이 잘 살아야 세상에 자랑스럽고 떳떳이 사는 보람이 있지 않은가?

함경북도 온성군, 52세 남성/378

1999년 1월, 집을 떠나 온성에 도착하여 밤 12시경에 밀강으로 해서 중국에 왔는데, 이번이 세 번째다. 이 방법을 대지 않으면 온 집식구들을 다 죽이고 말 것이니 사선을 헤치고 오지 않으면 안되었다.

두 번째 왔다 가던 5월, 500원과 옷 한 배낭을 얻어 약속된 시간에 경비대를 통해 넘어간 것이 교대시간이 어기었는지 내가 약속한 경비대는 없고 다른 경비대였기에 단속에 걸렸다. 일주일간 교화소에(꽃빠구) 갇혀 맞아대고 돈과 일체 물건을 몽땅 빼앗겼으며 아침 5시에 일어나서는 심문이 시작된다. 중국에서 누구와 접촉했고 어떤 안기부 임무를 맡고 왔는가 하는 터무니없는 질문과 몽둥이에 얻어맞기가 떡 먹듯 하였다. 감옥에서 녀자는 그래도 좀 경하다고 한다. 마지막에 더 물어볼 것이 없었는지 그렇지 않으면 몸에 있던 돈까지 몽땅 빼앗으니 시름이 놓이는지 7일 후 내놓았다.

감옥에서 '죄장이 무엇인가?' 하여 '중국에 갔다 오다가 붙잡혔다' 하면 전쟁이 나면 먼저 죽여버리는 것이 중국에 갔다온 사람이라고 한다.

(배반자이기 때문에) 그리고 병들어도 중국에 갔다온 사람은 약도 주지 않는다. 좋은 약은 없지만 그 보잘 것 없는 약을 제한하곤 한다. 제나라에서 먹여살리지 못하면서도 살기 위해 중국에 갔다 오면 지금 조선에서는 아마 제일 큰 죄로 여기는 것 같다.

타국에 와서 먹을 것 좀 얻어서라도 살아야만 금후 조국이라도 건설하련만! 아무 대책도 없이 애매한 백성만 들볶으니 참 기막힌 세상이다.

함경북도 은덕군, 37세 여성/168

함경북도 무산군에서 왔다. 4세 난 어린 자식을 잃고 의탁할 곳 없고 하여 남은 식구라도 살려야 되겠다는 생각에 남편 몰래 1998년 12월 무산에 와서 정황을 시탐하다가 넘어오는 사람을 3명 만나 함께 중국 숭선 좀 아래로 해서 넘어왔다. 중국에서 고마운 사람들을 만나 며칠 몸조리한 후 돈화에 있는 친척집을 찾게 되었다. 중국땅에 넘어오니 시집가라는 권고가 하도 심하지만 그래도 가정이 있기에 차마 그럴 수는 없어 차차 보기로 하였다. 친척집에선 밥은 먹을 수 있지만 많은 돈을 주기는 바쁜 형편에서 나를 식당에 소개하여 한 달에 200원씩 받고 일하게 되었다. 다섯 달 일하고 돈 좀 건너보내야 하기에 이번에는 도문 근처에로 가는 사람이 있어 같이 동행하게 되었다. 돈은 신바닥 밑을 도려 감추고 먹을 것 약간 준비하고 떠났다. 시간을 맞춰 건너가 역전에서 기차를 기다리게 되었는데 불시에 닥치는 경비대에 수상한 감시자로 되어 온성감옥에 가게 되었다. 감옥에서는 나의 얼굴을 보면서 중국에 갔다 오는 길이지? 살도 잘 찌고 왔구나 하면서 욕질하였다. 처음은 그렇지 않다고 변명하였으나 옷 한켠자씩 벗기면서 이것이 그래 중국옷이 아니고 무엇인가 하면서 사정없이 때리는 통에 그렇다고 답복하니 "더러운 XX, 중국 남자 XX들이 그리 좋던가" 하면서 말 못할 욕들을 련속 퍼붓고 사정없이 때리었다. 온몸을 샅샅이 뒤지고 자궁에까지 무엇 감추고 왔는가 녀자시켜 검사까지 하였다. 너무나 기막혀도 별 수 없이 당하고 말았다.

다행히 신 뒤축을 보지 않고 신바닥을 꺼내 보았기에 돈만은 살렸다. 5일 후 별 수 없으니 내놓는데 이미 무산에다 련계하여 두 사람이 와서 데려갔다. 집에 가 보니 남편과 시아버지는 모두 굶어 누워있었고 내가 간 4일 후 시어머니는 돌아가셨다. 남편은 허기증으로 잘 걷지도 못하였고 눈도 잘 보이지 않는다 하였다. 며칠간 미음을 대접하니 차츰 회복되었고 나머지 돈 주고 10여 일 있다 나는 또 중국에 와 돈 벌어오겠다 하고 떠났다. 지금은 농촌에서 꾸리는 식당에서 150원씩 받으면서 지내고 있는데 돌아갈 마음이 없다.

　내가 갇혀 있는 기간 국수죽(국수 몇 오리에 시래기를 좀 넣었음) 반공기씩 먹었고 좁은 칸엔 부동한 죄를 지은 사람이 빼곡 앉아있었고 그 악취로 견디기가 힘들었다. 이가 기어다니고 사람마다 앉아있어도 가려워 움직이지 않으면 안 되지만 그래도 가만히 유산다가도 발작되면 온 감방에서 다 취조당해야 한다. 세상은 너무나 불공평하다. 조선의 불쌍한 백성들은 기아에 허덕이고 있고 추위에 떨고 있으며 죽음에서 맴돌고 있다.

　중국동포들! 전세계 동포들이여! 조선의 백성들을 살려달라. 조선민족이 다 죽어가고 있어도 정부는 무감각하니! 어찌 이런 정부 믿고 살 수 있는가?

함경북도 무산군, 32세 여성/171

　수년간 배급이 중단되어 시어머니와 시아버지는 년로하고 다병한 신체에 산나물을 캐어오고 뙈기밭 농사를 하여 우리집 생계를 유지하여 오다가 시어머니와 시아버지가 고생 끝에 쌀 물도 변변히 잡숫지 못하다가 사망되었다. 시부모가 사망되었으나 관을 살 돈도 없기에 할 수 없이 비닐박막에 사체를 감아서 포장하였다. 두 어린아이는 쇠투리 피나무 껍질과 소나무껍질로 만든 음식을 먹고 변비가 심하여 끝내 죽고 말았다.

남은 아들과 남편을 살리기 위하여 나는 1998년 4월에 중국에 친척이 있는 동무를 따라 도강하여 와 동무 친척의 노력으로 한 음식점에서 먹고 자고 하루에 8원씩 받았다. 다섯 달 동안 일하여 130달러 가지고 집에 가다가 얼마 가지 못하고 보초병에게 붙잡혔다. 나는 애걸복걸하여 겨우 30달러를 가지고 100달러는 끝내 빼앗기고 말았습니다.

나는 산 옆에 앉아 혼자서 기껏 울다가 그래도 집으로 가 봐야 한다고 생각하고 다시 용기를 내어 집에 돌아가 보니 아들과 남편은 목숨이 겨우 붙어 있었다. 어떻게 할 것인가 하고 아무리 생각하여도 다른 길은 없기에 4일 만에 다시 도강하여 또 중국에 왔다. 원래 일하던 음식점에 찾아가니 다시는 조선사람을 쓰지 않겠다고 하였다. 그것은 발각되면 많은 벌금을 하게 되기 때문이다. 주인에게 통사정을 하니 인정 있는 주인은 저를 중풍으로 누워 있는 할머니를 간호하는 집에 소개하여 주었다. 불쌍하고 가련한 우리 조선사람은 자기의 조국에서 기아를 이겨 내지 못하여 이렇게 타국에 와서 감시와 멸시를 당하면서도 살기 위해 퍼덕거리고 있다. 외국과 해외동포들이 우리를 도와주기만 바란다.

평안남도 신양군, 35세 여성/231

나는 세 번째 중국에 도강하여 왔다. 첫 번째는 1997년 2월에 동무와 같이 도강하였지만, 중국에 친척 한 집도 없기에 같이 온 동무 친척의 소개로 음식점에서 하루에 7원을 받고 그 집에서 먹고 자면서 열심히 일하여 모아 100달러를 가지고 집에 돌아갔다. 집을 떠난 지 5개월만에 가 보니 할아버지와 할머니는 내가 집을 떠난 지 일주일도 못 되어 사망되고 아버지는 간염으로 출근도 못하고 있었다. 그간 집에서는 푸대죽으로도 끼니를 이어가지 못하여 피나무껍질과 소나무껍질 등을 말리어 가루를 내거나 그대로 송기떡을 찧어 끼니를 메우니 어린 동생들은 변비가 오고 영양실조가 와 학교에도 다니지 못하고 있었다. 나는 가져간 돈을 집에 두고 일주일만에 또 다시 도강하여 왔다. 원래 내가 일을 하던 음식점에서 나를 받아들여 1998년 3월까지 일하여 번 돈으로, 아버지의 간염약을 사 가지고 도강하다가 조선측 보초병에게 붙잡혔다.

나는 약과 돈을 빼앗기고 20달러를 겨우 사정하여 남겨가지고 집에 가 보니 아버지는 병이 더 중해졌다. 아버지는 내가 약을 구해가지고 오기를 고대하고 기다렸는데 약을 빼앗긴 사연을 말하니 아무 말씀도 하지 않고 한숨만 쉬었다. 그 후 10여 일 되어 아버지는 끝내 사망되고 말았다. 게다가 막내 동생까지 변비가 심하여 고생하다가 죽으니 집에는 남동생과 어머니, 나까지 하여 세 식구가 남았다. 17세 난 남동생은 집에서 떨쳐나가 '꽃제비' 생활을 하는데 생사여부를 모르고 있었다.

나는 10여 일 집에 있다가 국가에서는 련속하여 배급도 주지 않음으로 할 수 없이 네 번째 도강하여 중국에 왔다. 이번에 와 보니 생각 밖으로 감시가 더 심하고 붙잡히면 거액의 벌금을 시키기에 일자리를 찾지 못하고 있다. 나는 중국정부에서 인도주의 각도에서 굶어죽게 되어 온 우리를 붙잡아 조선에 가져가지 말기를 바란다.

함경북도 은덕군, 20세 여성/513

나는 1998년 8월 남양에서 중국으로 강을 넘으려고 강가를 서성이다가 붙잡혔다. 나는 붙잡히지 않으려고 군인과 몸싸움을 하다가 군인 한 명이 넘어지는 바람에 그 사람이 심장마비로 죽었다고 판명되었다. 나는 온성에서 감방생활을 하다가 길주로 호송되었는데, 길주에서 사업소담당 보위지도원과 길주군 군보위부 반탐과 지도원 두 명이 호송을 하러 온성에 왔다.

담당 보위지도원이 하는 소리가 "우리는 온성에 친척도 없고 돈도 없다. 떠나올 때 3,000원을 가지고 왔는데 지금 하나도 없다. 네가 기차 있을 때까지 우리를 안내하고 길주까지 가기 전의 도중 식사까지 책임져라" 하였다.

나는 돈이 모자랐다. 온성에는 먼 친척이 한 분 계시는데, 그분을 친한 동무에게 보내 사정을 이야기하고 3,000원을 빌려달라고 했는데 1,600원만 빌려왔다. 나는 붙잡힐 당시 1,000원이 있었다. 그래서 2,600원을 마련하여 길주까지 오게 되었다.

기차는 가다가 자꾸 서서 오랫동안 머무는 바람에 우리는 온성에서 출발한 지 5일 지나 길주에 도착했다. 오는 동안 온성과 회령에서 싸 가지고 온 도시락을 보위원들이 나누어 먹고 나는 5원씩 하는 마른 빵을 한끼에 하나씩 하루에 두 개 먹으면서 왔다.

보위원들은 나에게 낮에는 손에다가 수갑을 채워두고 밤에는 발목에다 족쇄를 채우고는 밤에도 자지 않고 교대로 지키면서 감시를 하였다. 기차 안에서는 일반 빵통에 앉았는데 보위원들은 마주보는 의자에 앉고 나는 그 사이 공간에서 앉거나 누워 잠을 자면서 왔다.

함경북도 길주군, 33세 남성/872

나는 몇 년 째 되는 식량난으로 허기증에 걸려 친척의 도움이라도 받으려고 1998년 4월에 집을 떠나 종성에 있는 고모집으로 왔다. 고모집에 와 보니 내가 살던 곳과 다름없이 식량난으로 말이 아니었다. 고모와 고모부가 말하기를 중국에 가면 녀자들은 시집가서 잘 살 수 있다기에 밤 12시경에 종성 웃쪽으로 해서 강을 건너왔다. 후에 안 일이지만 그곳은 중국 광종이라고 부르는 곳이었다. 광종에서 한 아버지와 어머니 소개로 돈화라는 곳으로 시집갔다. 시집가 보니 집에서는 매우 구차한 살림이었다. 그러나 남편은 마음씨 고운 사람이었다. 그리하여 우리 두 부부는 농사를 지었다. 농사를 다 짓고 겨울이 닥쳐오니 즉 1998년 12월에 돈화 공안국에서 우리를 붙잡고 도문으로 해서 남양보위부에 갇혔다. 보위부에서 우리들을 하나하나 질문하면서 혹시 말 잘못하면 매질하였다. 남양에서 3일간 묵고 도보위부로 귀환되어 심사를 걸친 후 로동개조대에서 일하였다. 9일간 로동개조를 하다가 생각해 보니 거기에 련속 있으면 굶어죽지 않으면 허기증으로 죽을 것만 같아 재차 도망하여 먼저 번 건너오던 강을 따라 중국에 왔다. 나는 지금 돈화에 있는 남편을 찾아가려고 한다.

함경북도 경성군, 30세 여성/184

1월, 청진에서 동무와 함께 떠나 삼봉에 와서 그곳 실정을 알아본 후, 삼봉 아래에서 중국 선구촌으로 해서 넘어왔다. 친척 없이도 중국에 가면 돈도 벌 수 있고 도와준다 하여 왔는데 생각과는 좀 다르다. 별 수 없이 동무 친척의 도움으로 농촌에 있는 과수원에 가 올해 과수준비공작을 돕고 있다. 두엄도 내고 소도 먹여주면서 먹고 잠시 보내고 있다. 량식난으로 하여 그 튼튼하던 아내도 폐병에 간염까지 겹쳐 지금은 간염복수로 하여 생명도 구하기 힘든 형편이다. 처남집에 의탁해 놓고 살 방도가 나겠는가 하고 중국에 와도 별 뾰족한 수가 없다. 일을 해도 로임 제대로 주지 않고 마음 편히 있기가 너무나 힘들다. 향(鄕)정부나 향 파출소에서 조선사람 재우고 먹이면 벌금하라고 자주 선전하는데 집주인이 일 잘해 주니 괜찮다 해서 그럭저럭 보내고 있다.

나는 조선에서 자식들이 배고파 굶어죽게 된 형편에서 공장의 기계를 뜯어다 폐철로 팔아먹었다. 꼬리가 길면 밟힌다고 세 번만에 경비대한테 붙잡힌 것이 결국은 감옥살이하게 되었다. 공장은 폐허로 된 것도 나 하나 때문이 아니고 모두가 살기 위해 눈에 보이는 것은 무엇이든지 훔쳐다 팔아먹게 되었다. 결국은 파괴죄에 누구의 임무 받고 공장의 기계를 뜯었는가 하고 간첩죄까지 들쒸었다. 죽어도 그런 것이 아니라 하면 할수록 그 매는 더 지독하게 때렸다.

안전부감옥에는 많은 죄수들로 가득 찼는데 주는 밥이란 통강냉이 몇 알 띄운 죽으로 반 사발 정도이다. 그 위생이란 말할 나위도 없다. 10평방 되지 않는 곳에 20여 명 넣었는데 모두가 쪼그리고 앉아 10시간씩 앉아 있기란 그 고역이 맞기만도 힘들었다. 널마루장인데 춥기란 얼어죽지 않은 것이 다행이고, 이가 기어다녀 사람 눈 빼먹을 정도여도 가렵다고 긁을 수도 없다. 어느 누구 맞지 않는 날이 없이 보내니 그 어찌 사회주의 제도라 할 수 있는가? 더욱이 감옥 안에서도 힘센 사람이 힘 약한 자 죽을 빼앗아 먹으니 힘 약한 자는 굶어죽는 수가 많다.

언제면 량식난이 풀리겠는지? 풀리지 않으면 다 죽고 남는 것이 없을 것 같다. 다만 300원이라도 손에 있으면 다시 건너가 보련만은! 아직 그 신세가 아니다.

함경북도 청진시, 48세 남성/363

량식난에 량친 부모님은 굶어서 돌아가시고 소아마비로 앓았던 동생을 데리고 가산 팔아 밑천 삼아 국수장사를 하면서 생활을 유지하였다. 내가 장에 나간 후 배고픈 고생을 더 할 수 없어 동생은 스스로 자기 목숨을 끊었다.

너무나 기막힌 일 앞에서 기절하고 말았는데 이웃집 어머니가 우연히 우리집에 왔다 이 장면을 목격하고 나를 구해주었고 동생 시체도 거두어 매장하여 주었다. 생각 끝에 탈북하여 중국에 와야만 살 수 있었기에 1998년 8월에 동무와 함께 회령에 왔다가 다시 남양으로 가서 8월말에 도문으로 넘어왔다. 나라가 너무 빈곤한데다 련속되는 자연재해로 나라의 쌀독이 비어 량식을 공급할 수 없으니 굶어죽는 사람 많아도 그 누구 하나 대책 대려고 하지 않으니 결국 불쌍한 것이 백성이다. 살 길 찾아 타국으로 오는 사람 수가 헤아릴 수 없고 조선처녀와 류부녀가 련속 중국으로 오니 부모 잃은 자식과 안해 잃은 남편들 신세 또한 얼마나 가련한가? 정 좋게 오순도순 살던 가정이 하루아침에 파손되니 이것을 어디에다 하소연하겠는가?

중국에 와서 결혼하고 가정을 이루었는데 생활은 괜찮았다. 배불리 먹고 마음껏 살던 중 불현듯 경찰에게 잡히게 되어 조선으로 압송하는가 한 것이 흑룡강성 몽릉현이라는 데 팔려갔던 것이다. 결국은 중국의 가짜 경찰한테 붙잡혀 팔려갔던 것이다. 한족한테 7,000원에 팔렸는데 다행히 원래 있던 곳의 전화번호를 기억하고 그곳과 련계하여 달아나 구사일생으로 도망쳐 연변으로 나오던 중 또 잡혀 조선으로 가게 되었다. 조선에서 22일이란 시일에 갖은 천대를 받으면서 겨가루 먹으면서 보냈다. 변비증으로 고생하였고, 감방에 모든 사람(16명)이 변비증에 걸려 신음했다. 처음에는 그런대로 지냈으나 7일 후엔 더는 견딜 수 없어 배 부둥켜안고 구를 수밖에 없었는데 그 중 4명은 끝내 숨졌다.

다시 중국으로 왔는데 원래 곳에는 갈 수 없고 지금은 도문 시교 농촌에서 남편 얻어 살고 있다. 우리 조선녀자들은 무엇 때문에 중국땅에서 팔려 다녀야 하는지? 조선땅에서 굶어죽을 바엔 살 길 찾아 왔건만 어떤 녀자들은 5-6번째 팔려다니니 병까지 얻고 있었다

조국통일이 하루빨리 실현되어야 하는데 나라가 아무런 반응이 없으니 백성들만 고생 속에서 허덕일 뿐이다.

함경북도 청진시, 27세 여성/678

1998년 12월, 길주군에서 떠나 삼봉에 도착하였다. 삼봉에서 하루 묵고 그 이튿날 수구포 녀동생 집에 왔다가 저녁 8시경 중국 마패로 해서 넘어왔다. 용정에 있는 친척집 소개로 소방목 1개월 반 한 후 우연히 일이 있어 용정시 뻐스역전에 왔다가 단속에 들켜 붙잡혔다. 중국 수용잠에는 조선사람들이 차고 넘칠 정도였는데 재료 작성하기도 바쁘다고 공안원들이 말한다. 이틀이 못되고 한 봉고차씩 두 번 실어 내가는데 사정해도 안 되는 일이었다. 교두 넘어 회령에 도착하니 제 나라 버리고 가는 놈들 맞아 죽어도 싸다 하면서 사정없이 때렸다. 어떤 이는 머리가 터지고, 어떤 이는 앞니가 다 부러졌고, 어떤 사람은 팔다리가 상해 걷지도 못하는 사람들도 있었다

"전쟁 나면 이 새끼부터 죽여야 된다" 하면서 "중국 강택민 밥 먹고 살도 쪘구나. 살찐 것만큼 얻어맞아 봐라" 하면서 내리치는데 맞고 나면 더 반발심이 나 조선땅에서 살고 싶지가 않다. 추운 겨울에 감방생활이

란 상상해도 알 수가 있다. 다 해진 담요에 이불이 있는데 그 중에서도 기운 센 놈이 추우면 다 빼앗아 덮고 어떤 때 쪽잠을 자고 나면 온몸이 다 얼어 쪼그라져 펼 수조차 힘들었다.

물도 제대로 주지 않아 세수는 물론 대소변도 보기 힘들다. 우리 방에서 두 사람이 굶고 얼고 맞아 죽어나갔다. 죽는 사람 놓고도 이런 놈은 백 개 천 개 죽어도 아깝지 않다 하면서 "너희들도 봤지? 너희들의 끝장도 이럴 것이다" 하고 욕질하였다. 일주일 후 길주군 안전부에서 데리러왔다. 수송 중 나는 기회를 봐 도망쳐 다시 중국으로 왔다

2월 중순경 다시 중국에 온 나는 집 근심이 태산같다. 나로 인해 온 가족이 어떤 피해를 받지 않는지? 좌우간 돌아갈 수 없는 몸이니 돈 좀 벌어 가족과 련계하여 데려오던지 그렇지 않으면 돈을 보내주던지 하여야겠다. 조국이 돌아서는 그날까지 참고 기다리는 수밖에 더는 없다.

평화적 통일이 언제면 실현되겠는지? 풍부한 물자자원으로 조그마한 땅 돌려세우자면 될 수도 있겠는데? 남북통일만 되어도 백성들의 량식문제가 해결되련만! 중국에 와 봐도 개혁개방이란 아주 중요하지 않은가! 우리 조선보다 더 못살던 중국대륙도 배곯아 죽는 사람이 없는데!

함경북도 길주군, 41세 남성/493

1999년 1월에 떠나 1월 26일 원정리에서 중국 권하로 해서 건너왔다. 전에 11월에 한번 건너와 량식과 옷견지를 가지고 넘어가다 경비대한테 붙잡혀 몽땅 빼앗겼고 안전부구류소에 3일 갇혔다. 안전부에 아는 사람을 통해 나왔다. 안전부구류소에는 중국에 왔다 붙잡혔거나, 나라에 대한 불만을 말했다 해서 갇힌 사람들이 많았다. 5-6평방 되는 감방에 15명씩 갇혔는데 밤이면 교대로 자는 수밖에 없다. 때론 물을 주지 않기에 대소변도 제대로 누지 못해 온몸이 퉁퉁 붓기에 고통받는 사람도 적지 않다. 먹지 못하는 것도 고통스럽지만 배출하지 못하는 것도 더 심한 고통이다. 한 방의 50대 남성분은 일주일 배출하지 못해 너무 고통스럽

던 끝에 기절까지 하게 되었다.

　사람에겐 그 어떤 자유도 없는 것이 조선인 것 같다. 사람은 인신자유마저 박탈당하고는 살 맛이 없다. 조선에서 살다 중국에 와 보니 언론자유, 인신자유, 모든 것이 자유로이 생활할 뿐만 아니라 자기 능력만 있으면 돈도 쉽게 벌 수 있는데 우리 조국에는 재능이 아무리 있어도 조금만 잘못하면 갖가지 모자(누명)를 씌어 추방이요, 반동언론이요, 당에 대한 중상이요 하며 사람을 못살게 굴 뿐만 아니라 그 외 정치 모자만 쓰면 온가족 친척까지 못살게 되니 끝장이다.

　이웃집에서는 너무나 굶고 허덕이니 어떻게 하면 살 수 있겠는가! 궁리 끝에 5세 난 아들애를 장에 나가 팔려고 하였다. 굶어죽을 바엔 차라리 잘 사는 집에 가면 그래도 살릴 수가 있지 않겠는가 생각 끝에, 아이가 귀하여도 먹지 못하니 뼈밖에 남지 않았고 배고파 먹은 것 달라고 울고 있을 뿐이다

　중국 손님 한 분이 지나가다 보고 참 눈을 뜨고 볼 수 없는 상황에 200원 주고 주인과 가만히 몇 마디 상의하고 가버렸다. 아마 저녁에 기회를 봐서 중국땅에 데려가 달라 한 것 같다. 조선족은 고자질하는데는 이름이 있는 것 같다. 어느 결에 안전부에서 나와 그 돈도 몰수하고 아이 엄마도 감옥에 갇혔다. 아이 엄마는 중국사람에게서 어떤 정치임무 맡았는가 하는 고된 고문에 견디다 못해 감옥에서 자결하였다. 결국은 아이도 엄마도 다 저 세상으로 갔을 뿐이다. 언제면 이 땅에서 마음 편히 살 수 있겠는지?

함경북도 은덕군, 47세 남성/368

　1998년 11월에 회령 시누이 집에 와서 도움을 좀 받으려 하였으나 그 집 역시 살기 바쁜 형편이었다. 그래서 12월 중국으로 가는 이웃 사람과 함께 류선으로 해서 중국 조동촌으로 넘어왔다.

　위자구에는 사촌 형제 2명이 있기에 도움 좀 받으려 하였다. 쌀은 무

겹게 가져가라 하는데 큰돈은 주기 힘들어했기에 쌀 좀 팔아서라도 가려 하였다. 마침 음식점에서 잡일하는 복무원이 필요하다고 해서 두 달이라도 벌어서 보탬하려 했다. 복무원 일은 그리 쉽지 않았다. 아침에 일어나 청소하고, 채소 씻고 사발 씻다보면 앉을 새가 없다. 그래도 한 달에 200원을 받으면 조선돈 5,000원 정도이니 두 달은 거뜬히 살 수 있다. 친척이 파출소에 다니기에 안전에는 큰 위험이 없다. 딸 하나가 먹지못해 앓고 있는데 시집도 보내지 못하고 죽을 것 같기에 그 어떤 방법을 강구해서라도 살려야 한다. 딸은 예술에 재능이 있을 뿐만 아니라 미술에도 재능이 있다. 제 기술도 제대로 쓰지 못하는 인재들이 조선땅에는 많고도 많다. 20세 난 딸도 함께 와 치료도 하고 더 배우기도 했으면 좋으련만. 처음 넘어 와서 중국실정을 모르니 별 수 없었다.

우리 남편은 원래 교편을 잡았는데 가정생활이 너무 쪼들리고 자식들마저 병들어 고생을 하니 동무끼리 술상에서 '이놈의 인생 언제면 끝이 나겠는지? 망하면 빨리 망하던지……'라고 한 말이 밀고되어 안전부 수용소에서 40일 숱한 고생하고 나왔다. 그것도 없는 돈 사처에서 꿔 고이고야 비로소 나왔는데 감방에서 얻어맞고 하여 다리뼈 하나 끊어져 제대로 잇지 못해 지금은 지팡이 짚고 겨우 바깥 출입할 뿐이다.

반동언론을 던졌거나 불만의 소리를 잘못하면 몇 년씩 판결하는데 잘못하면 온 가정이 추방되고 만다. 감방이란 6-7평방 짜리에 10여 명씩 가두어 놓고는 내다가 때리고 심문하고 좌우간 악독하고 못된 형벌을 다 한다고 한다. 영화에 나오는 일제 형벌을 초과하면 했지 덜하지는 않았다 한다. 정신적 타격이 너무 심했던지 출옥되어 나오는 것이 정신분열증환자처럼 조금만 큰소리가 나도 벌벌 떨며 머리 싸매고 "나 살려주시오, 다시 안 그러겠습니다"는 소리만 반복할 뿐이었다. 반년은 조용한 곳에서 누구와도 접촉 않고 숨어살았다. 차마 눈 뜨고 볼 수 없는 형편이었다.

중국에 와 보니 나라 주석 이름도 마음대로 부르고 어떤 땐 나쁜 말 하는 것도 여러 번 들었는데 그때마다 내 마음이 조여드는 것 같으나 모두 대수로워하지 않으니 별일 같았다. 조선은 언제면 자유로운 국가로만 백성이 배불리 먹고 제 하고 싶은 일을 하면서 살겠는지?
자유 없는 조선에서 사는 백성들이 불쌍할 뿐이다

함경남도 홍원군, 46세 여성/492

부록

연변조선족자치주와 동북3성 조사지역의 탈북유민 실태 분석

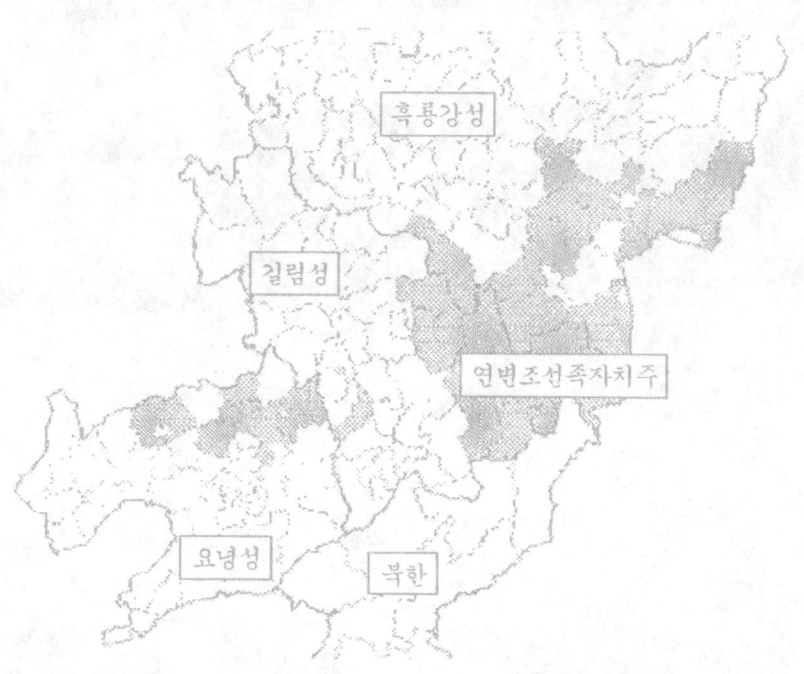

연변조선족자치주
탈북유민의 현황과 실태

1. 조사마을 현황

(1) 연변조선족자치주의 조사대상 지역은 연길시, 도문시, 돈화시, 용정시, 화룡시, 왕청현, 훈춘시, 안도현 내 총 1,566개 마을임.

(2) 조사마을 내 총 가구수는 229,196호이며, 총 주민수는 829,582명임.

(3) 연길, 도문, 훈춘의 경우, 도시중심의 지역으로 전체 지역면적은 작고 인구밀도는 높아 조사마을 수가 적음.

(4) 시내는 아파트 형태의 주거가 많기 때문에 사람들이 서로 이웃의 상황을 파악하기 어려워, 조사가 어려움.

<표1-1> 조사마을의 경제·지리적 특성

구 분	조사 마을수	총 가구수	총 주민수	백분율(%)
시 내	110	40,976	134,238	7.0
시 교	145	12,775	43,941	9.3
농 촌	676	96,037	336,920	43.2
산 촌	528	58,807	243,630	33.7
삼 림	42	6,191	20,703	2.7
탄 광	3		74	0.2
무 응 답	62	14,410	50,076	4.0
합 계	1,566	229,196	829,582	100.0

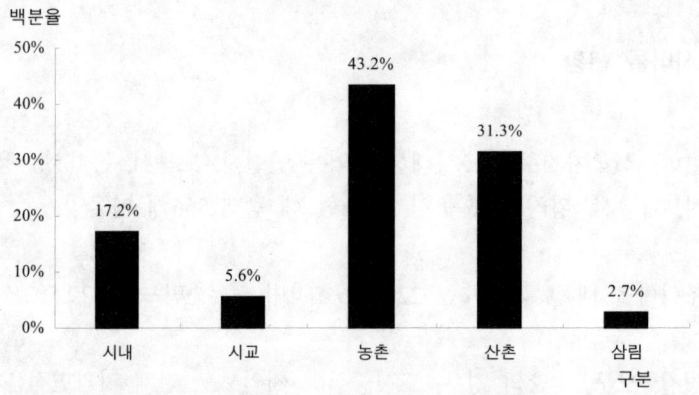

조사마을의 경제·지리적 특성

- 시내 : 도시 중심지역
- 시교 : 도시 외곽으로 논농사와 채소농사가 주소득원인 지역
- 농촌 : 논농사가 주소득원인 평야지대
- 산촌 : 밭농사가 주소득원이고 낮은 산악지역
- 삼림 : 육림, 벌목 등 임업을 위해 깊은 산속에 마을이 형성된 지역으로 약초채취, 양봉, 인삼재배도 중요한 소득원임
- 탄광 : 마을이 아니라 채탄을 위한 탄광지역

<표1-2> 조사마을의 가구수 현황

가 구 수	조사 마을수	백분율(%)	누적백분율(%)
10-50가구	451	28.8	28.9
51-100가구	303	19.3	48.1
101-150가구	232	14.8	62.9
151-200가구	252	16.1	79.0
201-250가구	110	7.0	86.0
251-300가구	79	5.0	91.0
301가구 이상	136	8.7	98.7
기 타*	3	0.2	100.0
합 계	1,566	100.0	

* 기타는 탄광에서 주숙하면서 일하는 유민을 조사한 경우로 마을단위가 아니라 직장단위임.

<표1-3> 조사마을의 주민수 현황*

주 민 수	조사 마을수	백분율(%)	누적백분율(%)
1-200명	451	28.8	28.8
201-400명	343	21.9	50.7
401-600명	232	14.8	65.5
601-800명	220	14.0	79.6
801-1000명	156	10.0	89.5
1001명 이상	164	10.5	100.0
합 계	1,566	100.0	

* 한 가구당 평균 가족수는 3.6명임.

2. 조선족 비율

조사마을 내 조선족의 구성 비율은 50.2%로써, 연변지역의 조사된 마을의 조선족 비율은 연변지역의 실측 조선족 비율 39.5%보다 높았음.

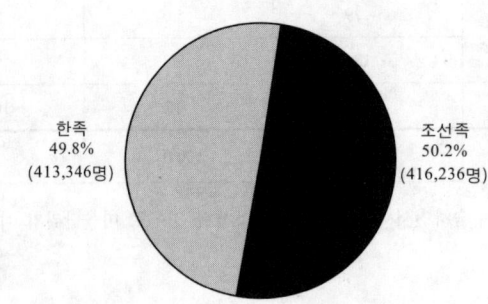

<표2-1> 조사마을의 조선족 비율 분포

조선족 비율	조사 마을수	총 가구수	총 주민수	백분율(%)
0%	242	23,694	95,153	15.5
0.1-10.0%	61	10,105	36,650	3.9
10.1-20.0%	92	12,243	45,199	5.9
20.1-30.0%	94	13,205	51,296	6.0
30.1-40.0%	113	22,610	78,400	7.2
40.1-50.0%	171	35,931	128,846	10.9
50.1-60.0%	109	22,462	78,805	7.0
60.1-70.0%	100	19,669	69,467	6.4
70.1-80.0%	107	15,792	56,243	6.8
80.1-90.0%	137	19,094	68,589	8.7
90.1-100.0%	340	34,391	120,934	21.7
합 계	1,566	229,196	829,582	100.0

조사마을의 조선족 비율 분포

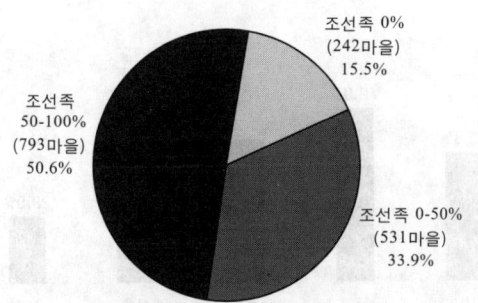

<표2-2> 경제·지리적 특성별 조선족 비율

구 분	조사 마을수	총 주민수	조선족 주민수	조선족 비율(%)
시 내	110	134,238	71,874	53.5
시 교	145	43,941	32,031	72.9
농 촌	676	336,920	201,500	59.8
산 촌	528	243,630	80,815	33.2
삼 림	42	20,703	5,801	28.0
탄 광	3	74	64	86.5
무 응 답	62	50,076	24,151	48.2
합 계	1,566	829,582	416,236	50.2

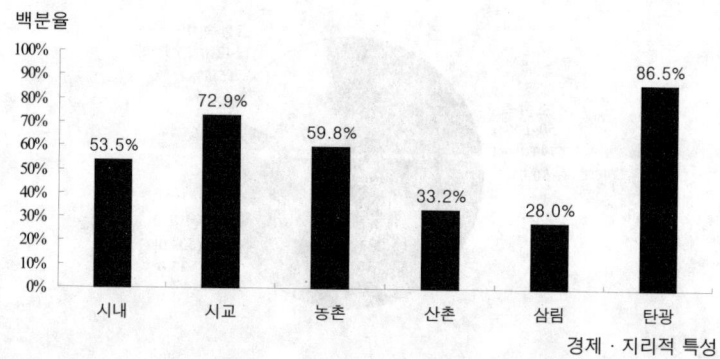

경제 · 지리적 특성별 조선족 비율

3. 유민의 비율

조사마을 내 탈북 유민수는 15,525명, 총 주민수 대비 유민의 비율은 1.9%임.

<표3-1> 주민당 유민의 비율

총 주민수	조선족 주민수	유민수	유민 비율(%)	
			총 주민수 기준	조선족 주민수 기준
829,582	416,236	15,525	1.9	3.7

(1) 지역별로 보면 용정, 화룡, 도문지역의 유민 비율이 월등히 높은데, 그것은 이들 지역이 조·중 접경지역이고 조선족이 주민의 대다수를 이루고 있어서, 북한주민들의 월경과 지원요청이 비교적 용이하기 때문임. 특히 화룡은 강폭이 좁은 두만강 상류와 접하고 강변쪽은 대부분 조선족마을이기 때문에 유민이 더욱 많은 것으로 판단됨.

(2) 왕청, 돈화, 안도는 조선족 비율이 낮고 조·중 접경지역은 아니지만, 유민의 비율이 상당히 높음. 이는 이 지역이 국경으로부터 거리

가 멀고 지형이 험난하기 때문에 중국공안의 단속이 비교적 느슨하고, 인신매매로 중국인과 강제로 결혼하여 사는 사람들이 많기 때문임.

(3) 연길은 도심지역으로 조사작업이 어려웠고, 인구밀도가 높아 상대적으로 주민 대비 유민 비율이 낮았음.

(4) 경제·지리적 특성별로 유민의 비율을 살펴보면, 시교와 농촌지역의 유민의 비율이 상당히 높음. 이는 시교와 농촌지역에 조선족이 많이 분포하고 있어서 도움을 받기가 유리하기 때문임. 특히 시교의 유민 비율이 농촌보다 높은 것은 조사시기가 겨울철이기 때문에 농한기인 농촌보다 비닐하우스 등 채소농사를 많이 하는 시교에 유민이 더 많이 분포했던 것으로 판단됨.

시내의 유민 비율이 가장 낮음. 도심지역은 인구밀도가 높아서 상대적으로 유민 비율이 낮으며, 친척의 보호를 받지 않으면 주거를 해결할 수 없어서 유민들이 장기간 머무는 것이 어려움. 특히 도심지역 주거형태의 특성상 유민이 밖으로 노출되지 않기 때문에 정확한 조사가 어려움.

산촌과 삼림지역은 조선족 비율은 낮지만 유민의 비율은 높은 편인데, 이는 공안의 단속이 심하지 않아서 비교적 안전하기 때문임.

<표3-2> 경제·지리적 특성별 유민 비율

구 분	조사 마을수	총 주민수	유민수	유민 비율(%) (총 주민수 기준)
시 내	110	134,238	763	0.6
시 교	145	43,941	1,475	3.4
농 촌	676	336,920	8,669	2.6
산 촌	528	243,630	3,599	1.5
삼 림	42	20,703	339	1.6
탄 광	3	74	6	8.1
무 응 답	62	50,076	674	1.3
합 계	1,566	829,582	15,525	1.9

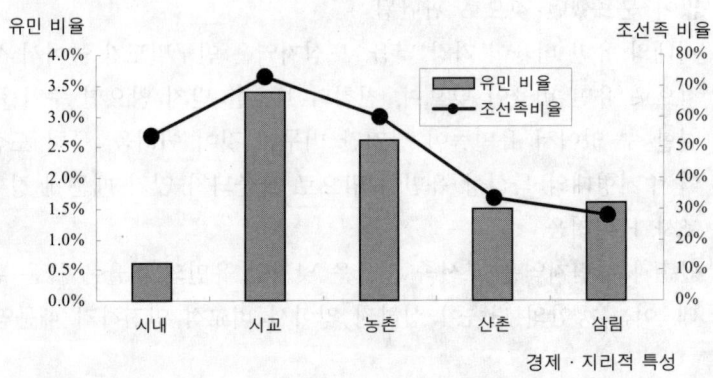

경제·지리적 특성별 유민 비율

(5) 조선족 비율이 높을수록 총 주민 대비 유민의 비율이 높았음.
이는 북한 '식량난민'들이 국경을 넘어 문화와 언어가 같은 조선족을 찾아 도움을 받으려 하기 때문이며, 아무런 보호를 받을 수 없는 탈북유민들을 수용하는 데에 조선족사회가 중요한 역할을 하고 있다는 증거로 판단됨.

<표3-3> 조선족 비율에 따른 유민 비율

조선족 비율	조사 마을수	총 주민수	유민수	유민 비율(%) (총 주민수 기준)
0%	242	95,153	692	0.7*
0.1-10.0%	61	36,650	204	0.6
10.1-20.0%	92	45,199	550	1.2
20.1-30.0%	94	51,296	715	1.4
30.1-40.0%	113	78,400	674	0.9
40.1-50.0%	171	128,846	1,548	1.2
50.1-60.0%	109	78,805	1,115	1.4
60.1-70.0%	100	69,467	1,326	1.9
70.1-80.0%	107	56,243	1,800	3.2
80.1-90.0%	137	68,589	2,024	3.0
90.1-100.0%	340	120,934	4,877	4.0
합 계	1,566	829,582	15,525	1.9

* 조선족 비율이 0%인 경우의 유민 비율 0.7%가 최소유민 비율임.

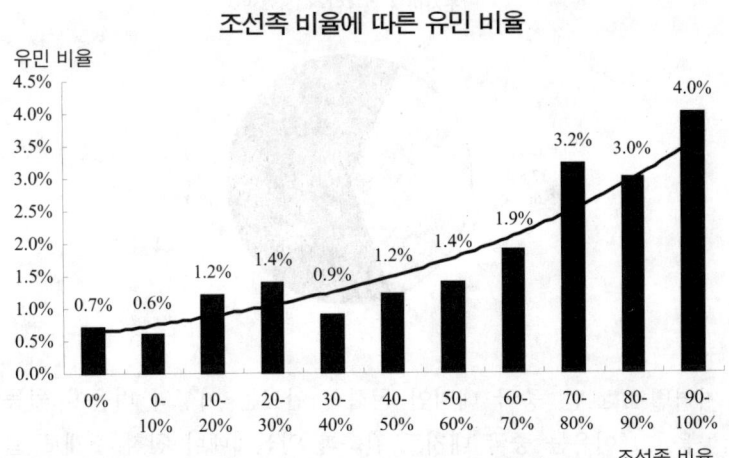

조선족 비율에 따른 유민 비율

4. 유민의 성별

탈북유민 중 성별 비율은 여성이 62.2%로 남성 37.8%보다 월등히 높았음. 그 이유는 1) 북한 내에서 남자는 군대에 갔거나, 직장에 계속 출근하지 않으면 단속이 심해지기 때문에 이동이 용이하지 않으며, 2) 여성은 중국에서 일자리(보모, 집안일, 식당일 등)를 얻기가 더 쉬우며, 3) 여성은 인신매매나 결혼 등으로 중국내에 정착하기가 용이하기 때문임.

<표4-1> 유민의 성별

성 별	난민수	백분율(%)	유효백분율(%)
남 자	5,666	36.5	37.8
여 자	9,338	60.1	62.2
무 응 답	521	3.4	-
합 계	15,525	100.0	100.0

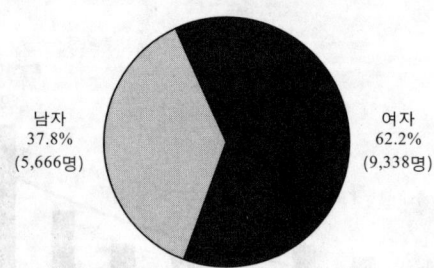

유민의 성별
(조사마을 총유민수 15,525명)

남자 37.8% (5,666명)
여자 62.2% (9,338명)

(1) 지역별로 보면, 중국 내지인 돈화와 안도는 여성의 비율이 월등히 높음. 그 이유는 중국 내지로 갈수록 인신매매나 친척 소개로 결혼 형태의 유민거주가 주를 이루기 때문임.

도심지역인 연길은 남성 비율이 높았음. 그 이유는 조사시기가 겨울철이어서 남자가 농한기인 농촌에서보다 도시에서 보일러 때기, 물 긷기 등의 일거리를 얻기가 쉽기 때문임.

(2) 경제·지리적 특성별로는 시내 도심지역은 남성의 비율이 높고 산촌, 삼림지역은 여성의 비율이 높게 조사되었음.
산촌지역의 여성 비율이 높은 것은 산촌지역은 한족이 많이 분포하고 있어서, 인신매매로 팔려와 결혼형태로 생활하는 탈북여성 유민이 다수 분포하기 때문임.
삼림지역의 여성 비율이 높은 것은 임업지역에 사는 유민들의 상당수가 여성으로서 임업종사자들이 이용하는 식당에서 일을 하는 경우가 많은데, 이곳의 여성유민들은 중국공안의 단속을 피해 숨어살면서 이곳의 남자들로부터 성적인 희롱을 당하는 경우도 있음.

<표4-2> 경제·지리적 특성별 유민의 성별

지리적 특성	남 자		여 자		합 계
	유민수	비율(%)	유민수	비율(%)	
시 내	370	48.5	393	51.5	763
시 교	624	42.3	851	57.7	1,475
농 촌	3,711	43.0	4,910	57.0	8,621
산 촌	819	22.8	2,767	77.2	3,586
삼 림	107	31.6	232	68.4	339
탄 광	6	100.0	0	0.0	6
무 응 답	29	13.6	185	86.4	214
합 계	5,666	37.8	9,338	62.2	15,004

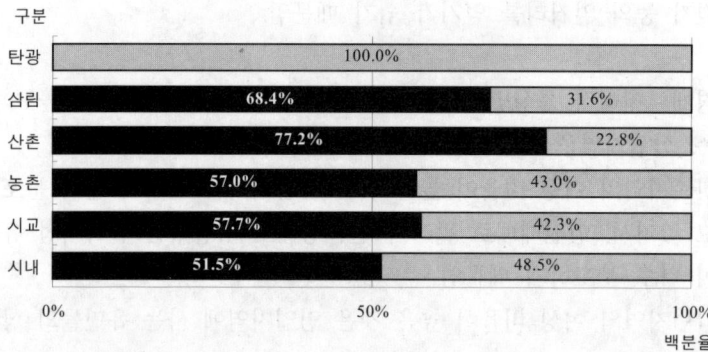

(3) 조선족 비율에 따른 유민의 성별을 보면, 조선족이 90% 이상인 마을에는 남녀 성별의 차이가 적었으나, 조선족 비율이 낮을수록 여성의 비율이 높았음. 그것은 조선족 비율이 낮은 한족마을에는 대부분 인신매매 형태로 결혼한 여성들이 많이 분포하기 때문임.

<표4-3> 조선족 비율에 따른 유민의 성별

성별 조선족 비율	남 자		여 자		합 계
	유민수	비율(%)	유민수	비율(%)	
0%	42	6.1	646	93.9	688
0.1-10.0%	43	21.1	161	78.9	204
10.1-20.0%	142	25.9	407	74.1	549
20.1-30.0%	204	29.2	494	70.8	698
30.1-40.0%	166	25.4	488	74.6	654
40.1-50.0%	526	35.5	957	64.5	1,483
50.1-60.0%	390	36.5	679	63.5	1,069
60.1-70.0%	465	42.0	641	58.0	1,106
70.1-80.0%	699	39.9	1,054	60.1	1,753
80.1-90.0%	801	40.1	1,196	59.9	1,997
90.1-100.0%	2,188	45.6	2,615	54.4	4,803
합 계	5,666	37.8	9,338	62.2	15,004

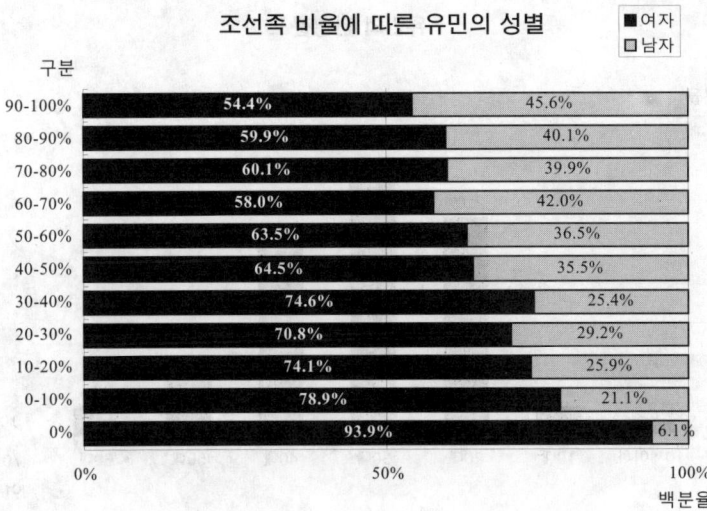

5. 유민의 연령

탈북유민의 연령별 분포를 보면, 20대, 30대, 40대가 주를 이루는 것으로 조사되었음.

<표5-1> 유민의 연령 분포

연 령	유민수	백분율(%)
10세 이하	222	1.4
10대	484	3.1
20대	3,885	25.0
30대	4,630	29.8
40대	3,796	24.5
50대	1,441	9.3
60대	524	3.4
70대	4	0.0
무 응 답	539	3.5
합 계	15,525	100.0

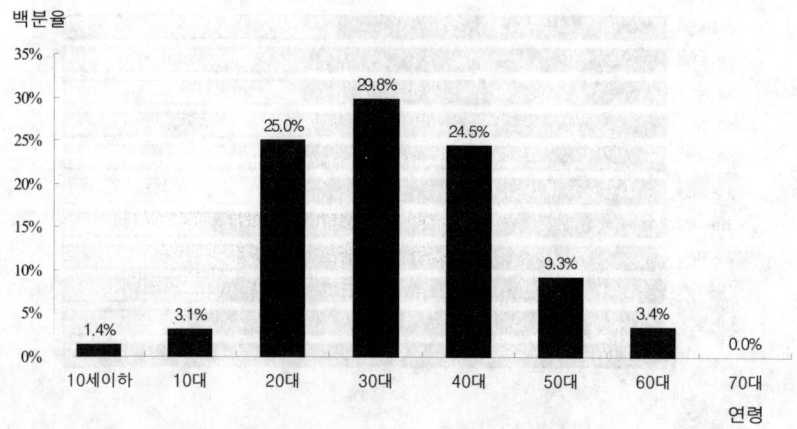

유민의 연령분포

(1) 10세 이하의 유민은 가족이 함께 넘어와 거주하는 경우와 두만강 상류의 조·중 국경지역에서 부모를 잃고 구걸하기 위해 국경을 넘어온 어린아이들이 대부분임.

10대의 유민 비율이 낮은 것은 10대 어린이 및 청소년의 경우는 중국에 와서도 일정한 주거를 갖지 않고 시장 등을 떠돌아다니며 구걸하는 꽃제비들이 대부분이기 때문에 조사에 반영하기가 어려웠음.

(2) 지역별 유민의 연령 분포를 보면, 돈화, 왕청, 안도는 20대의 유민 비율이 매우 높았음. 이는 이들 지역에 인신매매 등으로 중국인과 강제 결혼하여 숨어사는 여성들이 많기 때문임.

이들은 대부분 국경을 넘다가 도움을 주겠다는 중국인에게 속아서 중국 내지로 팔려가는데, 이들 중에는 다행히 좋은 사람을 만나서 잘 적응하고 사는 경우도 있지만, 대부분은 언어와 문화가 다르고 또 팔려왔기 때문에 감금, 폭행 등의 고통을 당하고 있음.

조·중 접경지역인 화룡, 용정, 도문은 10세 이하의 어린이와 10대 청소년이 많았음. 이들은 대부분 부모를 잃었거나 부모가 병으로 누워 있어서, 스스로 생계를 유지하고 가족들을 지원할 목적으로 국경을 넘어 오는데, 주로 시장이나 역전 등에서 구걸하면서 생계를 이어가고 아파트 계단과 같은 큰 건물의 구석에서 잠을 자며 생활하고 있음. 구걸을 해서 약간의 돈을 모으면 가족을 돕기 위하여 북한으로 돌아감.

(3) 경제·지리적 특성별로 보면, 한족이 많이 거주하는 산촌에는 20-30대 연령층의 비율이 높은데, 이들은 대부분 인신매매나 결혼형태로 거주하는 여성의 경우로 추정됨.

<표5-2> 경제·지리적 특성별 유민의 연령

구분	연령	10세 이하	10대	20대	30대	40대	50대	60대 이상	합 계
시 내	유민수	4	24	91	505	89	44	6	763
	비율(%)	0.5	3.1	11.9	66.2	11.7	5.8	0.8	
시 교	유민수	29	89	260	322	511	198	66	1,475
	비율(%)	2.0	6.0	17.6	21.8	34.6	13.4	4.5	
농 촌	유민수	49	275	1,746	2,924	2,476	811	305	8,586
	비율(%)	0.6	3.2	20.3	34.1	28.8	9.4	3.5	
산 촌	유민수	137	79	1,602	707	587	350	139	3,601
	비율(%)	3.8	2.2	44.5	19.6	16.3	9.7	3.9	
삼 림	유민수	3	10	91	102	92	30	11	339
	비율(%)	0.9	2.9	26.8	30.1	27.1	8.8	3.2	
탄 광	유민수			3	2	1			6
	비율(%)			50.0	33.3	16.7			
무응답	유민수		7	92	68	40	8	1	216
	비율(%)		3.2	42.6	31.5	18.5	3.7	0.5	
합 계	유민수	222	484	3,885	4,630	3,796	1,441	528	14,986
	비율(%)	1.5	3.2	25.9	30.9	25.3	9.6	3.5	

(4) 조선족 비율에 따른 유민의 연령 비율을 보면, 조선족 비율이 높은 마을은 30대와 40대의 비율이 높았으나 조선족 비율이 낮은 마을일수록 20대의 비율이 높았음.

<표5-3> 조선족 비율에 따른 유민의 연령

조선족비율	연령	10세 이하	10대	20대	30대	40대	50대	60대 이상	합계
0%	유민수	4	0	514	110	51	14	2	695
	비율(%)	0.6	0.0	74.0	15.8	7.3	2.0	0.3	
0.1-10.0%	유민수	1	3	118	48	23	9	5	207
	비율(%)	0.5	1.4	57.0	23.2	11.1	4.3	2.4	
10.1-20.0%	유민수	15	4	184	134	158	45	15	555
	비율(%)	2.7	0.7	33.2	24.1	28.5	8.1	2.7	
20.1-30.0%	유민수	9	12	232	152	172	78	44	699
	비율(%)	1.3	1.7	33.2	21.7	24.6	11.2	6.3	
30.1-40.0%	유민수	6	15	214	182	139	80	18	654
	비율(%)	0.9	2.3	32.7	27.8	21.3	12.2	2.8	
40.1-50.0%	유민수	18	26	417	486	331	162	56	1,496
	비율(%)	1.2	1.7	27.9	32.5	22.1	10.8	3.8	
50.1-60.0%	유민수	10	16	330	365	213	105	32	1,071
	비율(%)	0.9	1.5	30.8	34.1	19.9	9.8	3.0	
60.1-70.0%	유민수	17	20	279	353	277	113	47	1,106
	비율(%)	1.5	1.8	25.2	31.9	25.0	10.2	4.3	
70.1-80.0%	유민수	35	44	235	445	679	234	81	1,753
	비율(%)	2.0	2.5	13.4	25.4	38.7	13.3	4.6	
80.1-90.0%	유민수	52	82	355	553	654	224	79	1,999
	비율(%)	2.6	4.1	17.8	27.7	32.7	11.2	4.0	
90.1-100.0%	유민수	55	262	1,007	1,802	1,099	377	149	4,751
	비율(%)	1.2	5.5	21.2	37.9	23.1	7.9	3.1	
합계	유민수	222	484	3,885	4,630	3,796	1,441	528	14,986
	비율(%)	1.5	3.2	25.9	30.9	25.3	9.6	3.5	

6. 유민의 거주기간

유민의 거주기간을 보면, 조사된 유민의 약 63%가 월경한 지 1개월 미만의 사람들이었으며, 1년 이상 거주한 유민은 3.7%에 불과하였음. 그 이유는 1) 중국 내에서 공안의 단속과 체포, 송환이 빈번하게 이루어지고, 2) 탈북유민들의 대부분이 식량을 구하기 위하여 국경을 넘은 경우로써 중국에 와서 약간의 돈을 구하면 곧바로 북한으로 되돌아가기 때문임.

<표6-1> 유민의 거주기간

거 주 기 간	유민수	백분율(%)	누적백분율(%)
15일 미만	5,934	38.2	38.2
1개월 미만	3,870	24.9	63.1
3개월 미만	1,774	11.4	74.6
6개월 미만	1,743	11.2	85.8
1년 미만	1,189	7.7	93.5
3년 미만	572	3.7	97.1
무 응 답	443	2.9	100.0
합 계	15,525	100.0	

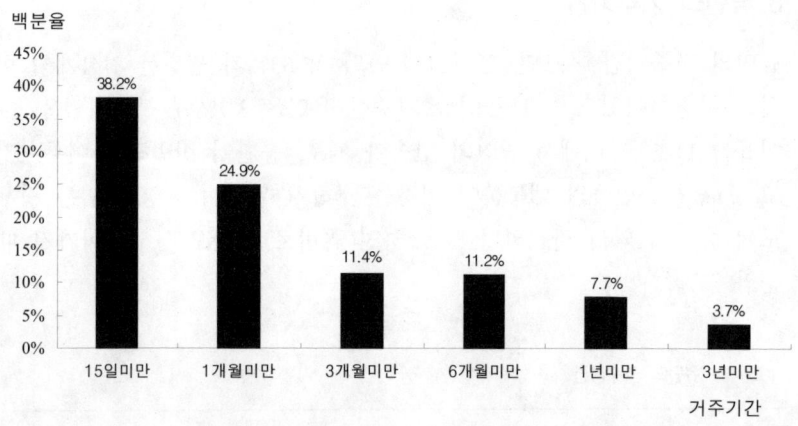

유민의 거주기간

(1) 지역별로 유민의 거주기간을 살펴보면 연길, 용정, 화룡은 유민의 거주기간이 짧았는데, 이 지역은 조선족이 많이 분포되어 있고 조·중 국경으로부터 가까운 지역으로, 유민들은 대부분 친척의 도움을 받거나 국경의 가까운 마을에서 식량을 얻기 위하여 잠시 도강하였다가 곧바로 되돌아가기 때문임. 돈화와 왕청, 안도는 유민의 거주기간이 비교적 긴데, 이는 결혼하여 정착한 유민이 대부분을 차지하기 때문임.

(2) 경제·지리적 특성별로 보면, 산촌마을이 유민의 거주기간이 비교적 길었는데, 산촌마을은 주로 한족이 살고 있어서, 조선에서 인신매매 등으로 강제 결혼하여 숨어사는 유민들이 많기 때문임. 반면 시내(도심)지역은 유민의 이동이 빈번하였음.

<표6-2> 경제·지리적 특성별 유민의 거주기간

구분	거주기간	15일 미만	1개월 미만	3개월 미만	6개월 미만	1년 미만	3년 미만	합계
시내	유민수	524	118	69	43	9		763
	배율(%)	68.7	15.5	9.0	5.6	1.2		
시교	유민수	548	441	192	181	79	40	1,481
	배율(%)	37.0	29.8	13.0	12.2	5.3	2.7	
농촌	유민수	4,484	2,225	728	526	417	293	8,673
	배율(%)	51.7	25.7	8.4	6.1	4.8	3.4	
산촌	유민수	321	911	589	930	644	210	3,605
	배율(%)	8.9	25.3	16.3	25.8	17.9	5.8	
삼림	유민수	26	115	134	24	22	17	338
	배율(%)	7.7	34.0	39.6	7.1	6.5	5.0	
탄광	유민수	2	2	2				6
	배율(%)	33.3	33.3	33.3				
무응답	유민수	29	58	60	39	18	12	216
	배율(%)	13.5	26.9	27.8	18.1	8.3	5.6	
합계	유민수	5,934	3,870	1,774	1,743	1,189	572	15,082
	배율(%)	39.3	25.7	11.8	11.6	7.9	3.8	

(3) 조선족 비율로 본 유민의 거주기간을 보면, 조선족 비율이 높을수록 유민의 이동도 빈번하였음. 이것은 조·중 국경지역의 조선족마을에 유민이 넘어와 잠시 머물렀다가 도움을 받고 되돌아가거나 중국 내지로 이동하기 때문임.

7. 유민의 거주형태

유민의 전반적인 거주형태를 보면 모르는 사람의 집에 거주하는 경우가 매우 높았음. 북한 '식량난민'들이 국경을 넘기 시작한 1996년도, 1997년도에는 친척이나 연고가 있는 사람을 찾아 도움을 받았으나, 식량사정이 어려워지면서 중국에 친척이 없어도 무작정 도움을 받으러 국경을 넘어와서 중국에서 일을 해서 돈을 벌어 돌아가려는 유민이 많기 때문에 모르는 사람의 집에 거주하는 비율이 높은 것으로 판단됨.

또한 결혼의 비율이 상당히 높았음. 북한의 식량사정이 더욱 어려워지면서 가족들이 모두 사망하거나 흩어진 경우, 북한으로 돌아가지 않고 중국에서 결혼하여 정착하기를 원하는 경우도 점점 늘어나고 있음.

한편 친척이나 아는 사람의 도움을 받고 있는 비율은 낮았음. 친척이 보호하고 있는 경우에는 밖으로 노출되는 것을 꺼려하기 때문에 조사에 반영되지 않을 가능성이 있음.

<표7-1> 유민의 거주형태

거 주 형 태	유민수	백분율(%)
친 인 척	2,777	17.9
모르는 사람	9,033	58.2
결 혼	3,707	23.9
무 응 답	8	0.0
합 계	15,525	100.0

유민의 거주형태

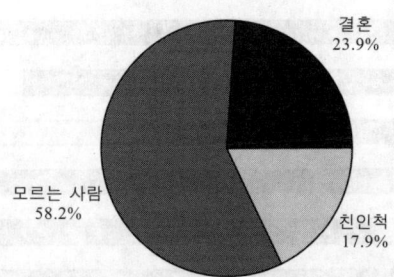

(1) 경제·지리적 특성별 유민의 거주형태를 보면, 전체적으로 모르는 사람의 도움을 받는 비율이 높았는데 시내와 농촌에서는 그 비율이 특히 높았음.

(2) 시교와 삼림지역은 친척의 도움을 받는 비율이 비교적 높고 한족이 많이 분포하는 산촌지역은 결혼한 유민의 비율이 높음.

<표7-2> 경제·지리적 특성별 유민의 거주형태

구분 거주형태	친인척		모르는 사람		결 혼		합 계
	유민수	비율(%)	유민수	비율(%)	유민수	비율(%)	
시 내	85	11.1	586	76.8	92	12.1	763
시 교	384	26.0	868	58.8	223	15.1	1,475
농 촌	1,104	12.7	6,185	71.4	1,370	15.8	8,659
산 촌	744	20.7	1,103	30.6	1,754	48.7	3,601
삼 림	84	24.8	178	52.5	77	22.7	339
탄 광	1	16.7	5	83.3	0	0.0	6
무 응 답	375	55.6	108	16.0	191	28.3	674
합 계	2,777	17.9	9,033	58.2	3,707	23.9	15,517

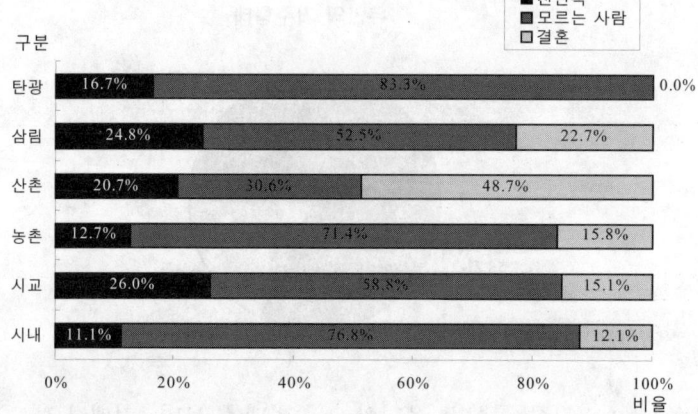

경제·지리적 특성별 유민의 거주형태

(3) 조선족 비율이 높을수록 모르는 사람의 도움을 받으며 생활하는 유민의 비율이 높음. 그것은 친척이나 아는 사람이 없는 유민들은 대부분 조선족마을을 찾아가 도움을 받으려 하기 때문임. 반면 조선족 비율이 낮을수록 결혼형태로 살고 있는 유민의 비율이 높음.

<표7-3> 조선족 비율로 본 유민의 거주형태

거주형태 구분	친인척		모르는 사람		결혼		합계
	유민수	비율(%)	유민수	비율(%)	유민수	비율(%)	
0%	13	1.9	49	7.1	629	91.0	691
0.1-10.0%	15	7.4	59	28.9	130	63.7	204
10.1-20.0%	78	14.2	244	44.3	229	41.6	551
20.1-30.0%	105	14.6	344	48.0	268	37.4	717
30.1-40.0%	155	23.0	235	34.9	284	42.1	674
40.1-50.0%	363	23.5	750	48.5	434	28.1	1,547
50.1-60.0%	221	19.8	557	50.0	337	30.2	1,115
60.1-70.0%	409	30.8	671	50.5	248	18.7	1,328
70.1-80.0%	338	18.8	1,241	68.9	221	12.3	1,800
80.1-90.0%	380	18.9	1,332	66.1	302	15.0	2,014
90.1-100.0%	700	14.4	3,551	72.8	625	12.8	4,876
합계	2,777	17.9	9,033	58.2	3,707	23.9	15,517

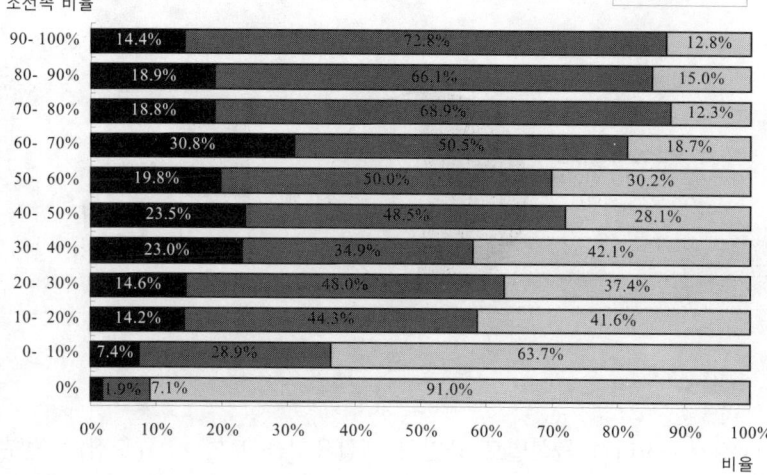

8. 유민의 생활유형

결혼이나 친인척의 도움을 받고 있는 유민의 비율이 54.3%이고, 스스로 일을 하고 도움을 받는 유민의 비율이 45.7%임. 또한 일을 하는 유민의 45.2%가 일을 하고도 숙식만 해결받을 뿐 노임을 받지 못하고 있음.

<표8-1> 유민의 생활유형

유민의 생활유형		유민수		백분율(%)		유효백분율(%)	
일하지 않음 (결혼, 친인척 의탁)		8,322		53.6		54.3	
일을 하고 도움을 받음	노 임 받 음	6,994	3,831	45.1	24.7 (54.8)	45.7	25.0 (54.8)
	숙식만 해결		3,163		20.4 (45.2)		20.7 (45.2)
무 응 답		209		1.3		-	
합 계		15,525		100.0		100.0	

유민의 생활유형

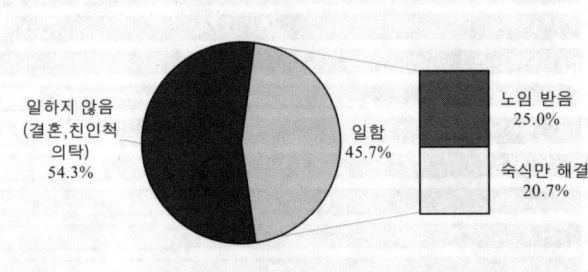

(1) 경제·지리적 특성별로 유민의 생활유형을 보면 시내(도심)와 농촌 지역에서 유민들이 일을 하는 비율이 높았는데, 시내에서는 일을 하고도 제대로 노임을 받지 못하는 비율이 높았음

<표8-2> 경제·지리적 특성별로 본 유민의 생활유형

생활유형 지리적 특성	일하지 않음 (결혼,친척 의탁)		일을 하고 도움을 받음						합 계
			소 계		노임 받음		숙식만 해결		
	유민수	비율(%)	유민수	비율(%)	유민수	비율(%)	유민수	비율(%)	
시 내	165	21.8	593	78.2	169	29	424	71	758
시 교	712	48.3	763	51.7	339	44	424	56	1,475
농 촌	3,949	46.4	4,553	53.6	2,528	56	2,025	44	8,502
산 촌	2,717	76.1	852	23.9	607	71	245	29	3,569
삼 림	264	79.5	68	20.5	26	38	42	62	332
탄 광	0	0.0	6	100.0	5	83	1	17	6
무 응 답	515	76.4	159	23.6	157	99	2	1	674
합 계	8,322	54.3	6,994	45.7	3,831	55	3,163	45	15,316

(2) 조선족 비율이 높을수록 일을 하고 도움을 받는 비율이 높았음.

<표8-3> 조선족 비율로 본 유민의 생활유형

생활유형 조선족 비율	일하지 않음 (결혼,친척 의탁)		일을 하고 도움을 받음						합 계
			소 계		노임 받음		숙식만 해결		
	유민수	비율(%)	유민수	비율(%)	유민수	비율(%)	유민수	비율(%)	
0%	627	92.2	53	7.8	14	26	39	74	680
0.1-10.0%	143	77.7	41	22.3	14	34	27	66	184
10.1-20.0%	340	65.4	180	34.6	106	59	74	41	520
20.1-30.0%	490	70.4	206	29.6	125	61	81	39	696
30.1-40.0%	417	63.1	244	36.9	144	59	100	41	661
40.1-50.0%	783	51.5	736	48.5	471	64	265	36	1,519
50.1-60.0%	539	48.7	567	51.3	291	51	276	49	1,106
60.1-70.0%	670	51.1	640	48.9	328	51	312	49	1,310
70.1-80.0%	791	44.2	997	55.8	609	61	388	39	1,788
80.1-90.0%	960	47.9	1,046	52.1	624	60	422	40	2,006
90.1-100.0%	2,562	52.9	2,284	47.1	1,105	48	1,179	52	4,846
합 계	8,322	54.3	6,994	45.7	3,831	55	3,163	45	15,316

9. 유민의 노동유형

농업의 비율이 가장 높았음. 농촌은 일자리를 비교적 쉽게 얻을 수 있고, 산이 많아 공안의 단속을 피해 피신하기에도 유리함.

음식점이나 유흥업소에서 일을 하는 복무업의 비율도 높음. 농촌이 아닌 도심지역에 거주하는 유민의 경우는 일자리를 얻기가 어려운데 보통 사람들이 하기 싫어하는 임금이 낮은 잡일이나 유흥업소에서 일하는 경우가 많았음.

상업은 유민들이 넘어올 때 지원받을 목적으로 강아지, 숟가락, 고추가루 등의 물건을 가져와 식량으로 바꾸어 가는 경우임.

기타는 가정일, 간병인, 보모, 재봉, 뜨개질, 물긷기, 비닐집기 등임.

<표9-1> 유민의 노동유형

노동 유형	유민수	백분율(%)
농 업	6,617	42.6
상 업	559	3.6
복 무 업	783	5.0
기 타	3,084	19.9
무 응 답	4,482	28.9
합 계	15,525	100.0

(1) 지역별 유민의 노동유형을 보면 돈화와 왕청은 농촌지역으로써 농사일을 하는 사람의 비율이 높고, 도심지역인 연길과 화룡의 중심가에서는 복무업의 비율이 높았음.

(2) 경제·지리적 특성별로는 시내(도심)는 음식점복무원이나 유흥업소에서 일하는 사람의 비율이 높고, 시교·농촌·산촌은 농사일을 하는 사람의 비율이 높음.

<표9-2> 경제·지리적 특성별 노동유형

구분\노동유형	농 업		상 업		복 무 업		기 타		합 계
	유민수	비율(%)	유민수	비율(%)	유민수	비율(%)	유민수	비율(%)	
시 내	3	0.4	2	0.3	168	24.5	513	74.8	686
시 교	556	50.5	70	6.4	94	8.5	381	34.6	1,101
농 촌	3,616	59.5	487	8.0	451	7.4	1,521	25.0	6,075
산 촌	2,415	84.9			14	0.5	417	14.7	2,846
삼 림	21	17.6			12	10.1	86	72.3	119
탄 광							6	100.0	6
무 응 답	6	2.9			44	21.0	160	76.2	210
합 계	6,617	59.9	559	5.1	783	7.1	3,084	27.9	11,043

10. 유민의 연행

조사시점을 기준으로 최근 한달 이내에 마을에서 연행된 유민수는 1,857명에 이르고 평균 연행 횟수는 0.6회임.

(1) 지역별로 보면 돈화와 화룡, 훈춘의 평균 연행 횟수가 높고, 연길은 도심지역으로 평균 연행 횟수는 매우 낮음. 특히 돈화는 조·중 국경에서 비교적 멀리 떨어진 지역이지만 평균 연행 횟수가 높은데 이 지역에서는 결혼하여 아이를 낳고 살고 있는 경우에도 중국공안에 잡혀 북한으로 강제 송환되었으며, 이들은 북한에 송환되면 오랫동안 중국에서 살았기 때문에 심한 처벌과 심문을 받게 됨.

<표10-1> 유민의 연행

조사 마을수	총 유민수	연행 횟수 (한달 이내)	연행 유민수	평균 연행 횟수
1,244	13,701	795	1,857	0.6

동북3성 조사지역*의
탈북유민 현황과 실태

1. 조사마을 현황

동북3성에서는 조·중 국경으로부터 약 400Km에까지 이르는 광범위한 지역에서 총 913개 마을이 조사되었으며, 조사마을의 총 가구수는 194,929호이며, 총 주민수는 822,598명임.

(1) 지역별로는 요녕성은 몽고자치구 경계지역인 부신, 법고, 강평지역까지 조사되었고 흑룡강성은 송화강 이남의 광범위한 지역에서 고르게 조사되었음. 길림성은 조선족이 많이 분포하는 지역인데도 조사 마을수가 적었음.

---

* 연변조선족자치주 제외.

<표1-1> 조사마을 현황

지 역	조사 마을수	총 가구수	총 주민수	백분율(%)
요녕성	314	63,871	273,641	34.4
길림성	57	10,058	40,240	6.2
흑룡강성	542	121,000	508,717	59.4
합 계	913	194,929	822,598	100.0

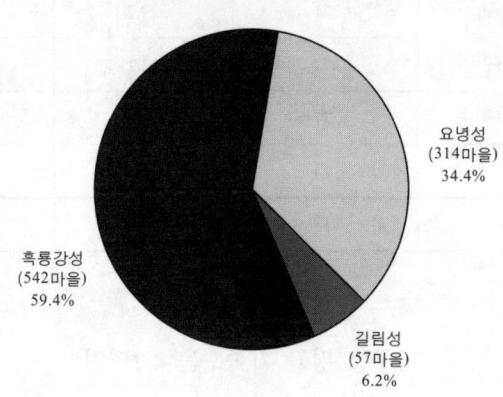

조사마을 현황
(총 913개 마을)

(2) 조사마을의 경제·지리적 특성을 보면 평야지대인 농촌지역과 밭농사가 주소득원인 산촌지역이 대부분이고, 도심지역은 조사가 어려워서 조사된 마을이 없었음.

<표1-2> 조사마을의 경제·지리적 특성

지리적 특성	조사 마을수	백분율(%)
시 교	24	2.6
농 촌	734	80.4
산 촌	155	17.0
합 계	913	100.0

(3) 조사의 기본단위인 한 마을의 평균 가구수는 213가구임.

<표1-3> 조사마을의 가구수 현황

가 구 수	조사 마을수	백분율(%)	누적백분율(%)
1-50가구	11	1.2	1.2
51-100가구	22	2.4	3.6
101-150가구	31	3.4	7.0
151-200가구	271	29.7	36.7
201-250가구	477	52.2	88.9
251-300가구	77	8.4	97.4
301 가구 이상	24	2.6	100.0
합 계	913	100.0	

(4) 조사된 마을의 가구당 평균 가족수는 4.2명임.

<표1-4> 조사마을의 주민수 현황

주 민 수	조사 마을수	백분율(%)	누적백분율(%)
1-200명	12	1.3	1.3
201-400명	21	2.3	3.6
401-600명	2	0.2	3.8
601-800명	171	18.7	22.6
801-1000명	496	54.3	76.9
1001명 이상	211	23.1	100.0
합 계	913	100.0	

2. 조선족 비율

조사된 마을 내 조선족 비율은 31.5%임. 이것은 동북3성의 실측 조선족 비율 약 1.05%에 비하면 매우 높은 수치인데, 이는 연고자가 있는 조선족마을이 많이 조사되었기 때문임. 그러나 조사된 913개 마을 중 40.7%인 372개 마을은 조선족 0%인 한족마을임.

조선족 비율
(조사마을 총 주민수 822,598명)

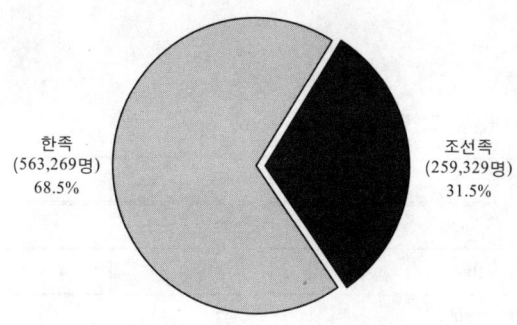

한족
(563,269명)
68.5%

조선족
(259,329명)
31.5%

<표2-1> 지역별 조선족 비율

지 역	조사 마을수	총 주민수	조선족 주민수	조선족 비율(%)
요녕성	314	273,641	58,464	21.4
길림성	57	40,240	24,174	60.1
흑룡강성	542	508,717	176,691	34.8
합 계	913	822,598	259,329	31.5

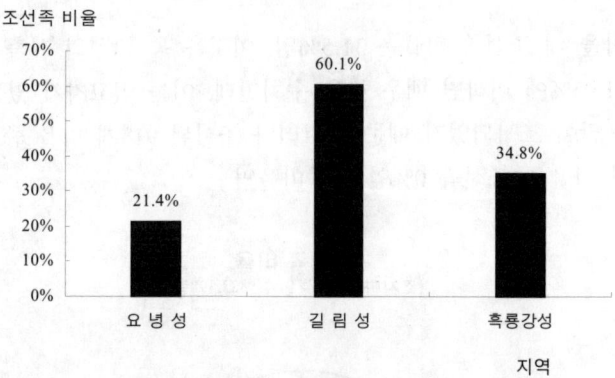

<표2-2> 조사마을의 조선족 비율 분포

조선족 비율	조사 마을수	백분율(%)
0%	372	40.7
0.1 - 10.0%	7	0.8
10.1 - 20.0%	37	4.1
20.1 - 30.0%	100	11.0
30.1 - 40.0%	101	11.1
40.1 - 50.0%	74	8.1
50.1 - 60.0%	47	5.1
60.1 - 70.0%	30	3.3
70.1 - 80.0%	22	2.4
80.1 - 90.0%	50	5.5
90.1 - 100.0%	73	8.0
합 계	913	100.0

조사마을의 조선족 비율 분포

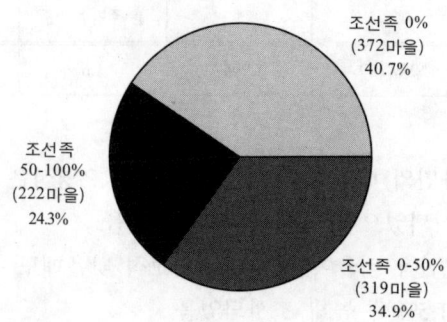

(1) 경제·지리적 특성별로 보면 시교지역은 조선족 비율이 높고, 산촌 지역은 한족들이 많이 분포하므로 조선족 비율이 낮았음.

<표2-3> 경제·지리적 특성별 조선족 비율

지리적 특성	조사 마을수	총 주민수	조선족 주민수	조선족 비율(%)
시 교	24	17,700	11,385	64.3
농 촌	734	664,728	216,481	32.6
산 촌	155	140,170	31,463	22.4
합 계	913	822,598	259,329	31.5

3. 유민의 비율

조사마을 내 탈북유민의 비율은 총 주민 대비 1.6%이고, 조선족 주민 대비 5.0%로 연변지역 3.7%보다 높게 조사됨. 동북3성지역의 유민 비율은 연변지역보다 조선족 비율의 영향을 적게 받는다고 판단됨.

<표3-1> 유민의 비율

총 주민수	조선족 주민수	유민수	주민수 대비 유민의 비율(%)	
			총 주민수 기준	조선족 주민수 기준
822,598	259,329	12,947	1.6	5.0

(1) 지역별로 유민의 비율을 보면 흑룡강성과 요녕성은 1.5%, 길림성은 3.0%로 조사되었으나 조사 표본수가 적음.
요녕성은 조선족 비율이 21.4%로 비교적 낮은데도 총 주민 대비 유민 비율은 1.5%로 높게 조사되었음.
흑룡강성 조사지역 중 연변지역과 가까운 녕안시, 해림시, 동녕현 등은 유민 비율이 낮았음. 이것은 연변과 가까운 지역은 공안의 수색이 빈번하기 때문에, 유민들이 좀더 안전한 곳을 찾아 조·중 국경으로부터 먼 지역으로 이동한다고 판단됨.

<표3-2> 지역별 유민의 비율

지 역	조사 마을수	총 주민수	유민수	조선족 비율(%)	유민 비율(%)
요녕성	314	273,641	4,030	21.4	1.5
길림성	57	40,240	1,196	60.1	3.0
흑룡강성	542	508,717	7,721	34.8	1.5
합 계	913	822,598	12,947	31.5	1.6

(2) 경제·지리적 특성별로 보면, 조선족 비율이 높은 시교지역이 유민의 비율이 가장 높았음. 산촌지역은 농촌지역보다 조선족 비율은 낮지만, 유민의 비율은 1.8%로 농촌지역 1.5%보다 더 높았음. 그것은 산촌지역은 주로 한족마을로써, 이곳에는 인신매매로 한족에게 팔려온 여성이 다수 존재하기 때문임.

<표3-3> 경제·지리적 특성별 유민의 비율

지리적 특성	조사 마을수	총 주민수	유민수	조선족 비율(%)	유민 비율(%) (총 주민 기준)
시 교	24	17,700	490	64.3	2.8
농 촌	734	664,728	9,986	32.6	1.5
산 촌	155	140,170	2,471	22.4	1.8
합 계	913	822,598	12,947	31.5	1.6

(3) 조선족 비율이 높을수록 유민의 비율도 높은 경향이 있었으나, 그 기울기는 매우 완만함. 조선족이 없는 한족마을의 표본수가 40.7%로 매우 높은데도 유민 비율이 1.2%로 전체 유민 비율 1.6%와 큰 차이가 없었음. 이것은 한족마을에도 유민들이 상당히 거주하고 있다는 것인데, 인신매매로 한족에게 팔려와 사는 여성들이 다수 존재하기 때문임.

<표3-4> 조선족 비율에 따른 유민의 비율

조선족 비율	조사 마을수	총 주민수	유민수	유민 비율(%) (총 주민 기준)
0%	372	318,929	3,978	1.2*
0.1-10.0%	7	4,460	62	1.4
10.1-20.0%	37	33,970	493	1.5
20.1-30.0%	100	92,470	1,453	1.6
30.1-40.0%	101	94,326	1,464	1.6
40.1-50.0%	74	66,639	1,196	1.8
50.1-60.0%	47	47,582	865	1.8
60.1-70.0%	30	27,782	583	2.1
70.1-80.0%	22	22,135	473	2.1
80.1-90.0%	50	45,910	755	1.6
90.1-100.0%	73	68,395	1,625	2.4
합 계	913	822,598	12,947	1.6

* 조선족 비율이 0%일 경우의 유민 비율 1.2%가 최소유민 비율임.

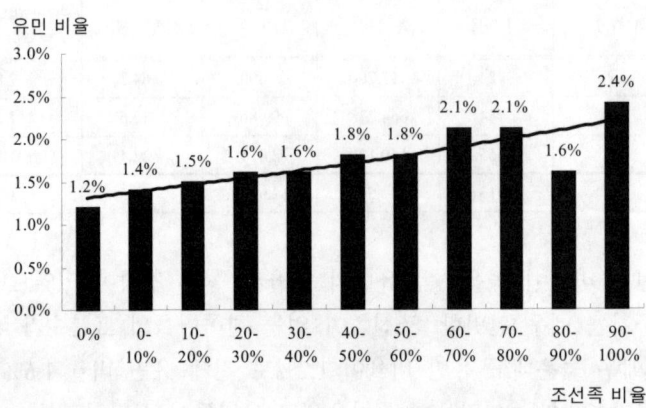

4. 유민의 성별

유민의 성별은 여성이 90.9%, 남성이 9.1%임. 여성유민의 비율이 높은 이유는 동북3성지역에는 대부분의 유민이 인신매매나 소개로 결혼하여 사는 여성들이기 때문임. 남성은 여성과 달리 결혼형태의 거주가 불가능하므로 중국에 안착하기가 어려워 도움을 받아 일을 할 수 있는 조선족마을에 거주하는 경향이 강함.

<표4-1> 유민의 성별

성 별	유민수	백분율(%)	유효백분율(%)
남 자	1,175	9.1	9.1
여 자	11,762	90.8	90.9
무 응 답	10	0.1	-
합 계	12,947	100.0	100.0

유민의 성별
(조사마을 총 유민수 12,947명)

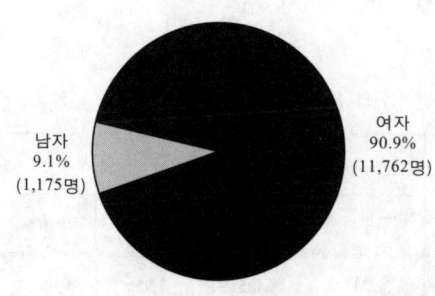

<표4-2> 지역별 유민의 성별

지 역	남 자		여 자		합 계
	유민수	비율(%)	유민수	비율(%)	
요 녕 성	269	6.7	3,751	93.3	4,020
길 림 성	88	7.4	1,108	92.6	1,196
흑룡강성	818	10.6	6,903	89.4	7,721
합 계	1,175	9.1	11,762	90.9	12,937

<표4-3> 경제·지리적 특성별 유민의 성별

지리적 특성	남 자		여 자		합 계
	유민수	비율(%)	유민수	비율(%)	
시 교	25	5.1	465	94.9	490
농 촌	948	9.5	9,028	90.5	9,976
산 촌	202	8.2	2,269	91.8	2,471
합 계	1,175	9.1	11,762	90.9	12,937

(1) 조선족 비율이 90% 이상인 조선족마을에도 여성 비율이 80%를 상회하는 것은 한족마을뿐 아니라 조선족마을에도 결혼형태로 거주하는 여성이 많이 분포하기 때문임. 조선족 비율이 0%인 한족마을에 거주하는 유민은 대부분 여성임.

<표4-4> 조선족 비율별 유민의 성별

조선족 비율	남 자		여 자		합 계
	유민수	비율(%)	유민수	비율(%)	
0%	21	0.5	3,955	99.5	3,976
0.1-10.0%	9	14.5	53	85.5	62
10.1-20.0%	62	12.6	431	87.4	493
20.1-30.0%	151	10.4	1,302	89.6	1,453
30.1-40.0%	177	12.1	1,287	87.9	1,464
40.1-50.0%	106	8.9	1,082	91.1	1,188
50.1-60.0%	95	11.0	770	89.0	865
60.1-70.0%	74	12.7	509	87.3	583
70.1-80.0%	47	9.9	426	90.1	473
80.1-90.0%	115	15.2	640	84.8	755
90.1-100.0%	318	19.6	1,307	80.4	1,625
합 계	1,175	9.1	11,762	90.9	12,937

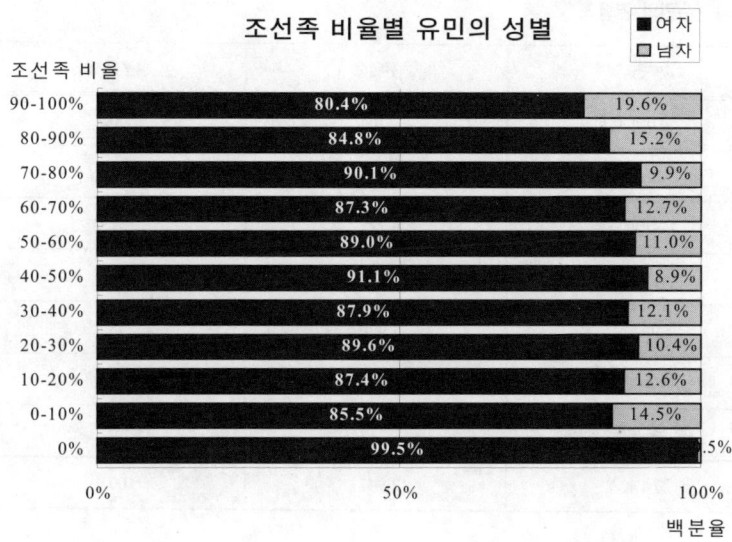

5. 유민의 연령

20대, 30대, 40대가 89.4%임. 동북3성으로 멀리 이동하는 유민들은 주로 20-40대의 젊은 여성들임. 10대 청소년층은 주로 꽃제비들인데 일정한 주거가 없어 조사에 반영하지 못함. 이들은 조·중 접경지역에만 머무르지 않고 동북3성의 조선족마을 근처에도 상당수 존재하는데, 일자리를 찾으려고 해도 영양실조로 키나 몸무게가 너무 작아 일을 시키려는 사람이 거의 없음.

<표5-1> 유민의 연령

연 령 대	유민수	백분율(%)
10대 이하	64	0.5
20대	4,388	33.9
30대	4,221	32.6
40대	2,960	22.9
50대	1,090	8.4
60세 이상	207	1.6
무 응 답	17	0.1
합 계	12,947	100.0

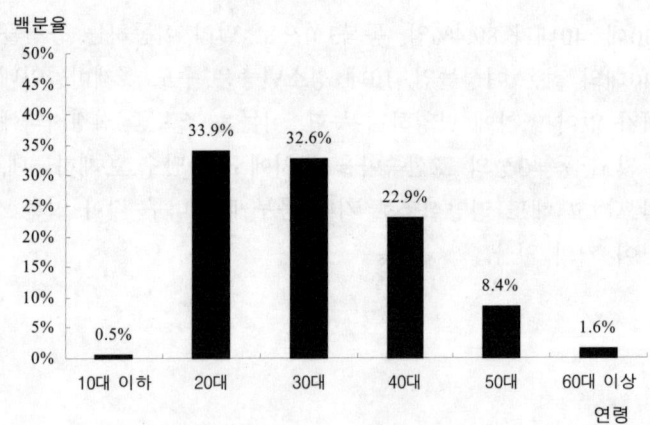

유민의 연령

<표5-2> 지역별 유민의 연령

지 역	10대 이하		20대		30대		40대		50대		60대 이상		합 계
	유민수	비율(%)	유민수	비율(%)	유민수	비율(%)	유민수	비율(%)	유민수	비율(%)	유민수	비율(%)	
요녕성	23	0.6	1,424	35.4	1,362	33.9	910	22.6	273	6.8	29	0.7	4,021
길림성	18	1.5	345	28.9	453	37.9	244	20.4	112	9.4	23	1.9	1,195
흑룡강성	23	0.3	2,619	34.0	2,406	31.2	1,806	23.4	705	9.1	155	2.0	7,714
합 계	64	0.5	4,388	33.9	4,221	32.6	2,960	22.9	1,090	8.4	207	1.6	12,930

(1) 조선족 비율이 0%인 한족마을은 20-30대의 비율이 특히 높았음.

<표5-3> 조선족 비율별 유민의 연령

조선족 비율	10대 이하		20대		30대		40대		50대		60대 이상		합 계
	유민수	비율(%)	유민수	비율(%)	유민수	비율(%)	유민수	비율(%)	유민수	비율(%)	유민수	비율(%)	
0%	1	0.0	1,474	37.1	1369	34.4	949	23.9	175	4.4	8	0.2	3,976
0.1-10.0%	1	1.6	23	37.1	12	19.4	15	24.2	10	16.1	1	1.6	62
10.1-20.0%	0	0.0	150	30.4	145	29.4	117	23.7	68	13.8	13	2.6	493
20.1-30.0%	8	0.6	488	33.6	476	32.8	332	22.9	120	8.3	28	1.9	1,452
30.1-40.0%	10	0.7	465	32.0	465	32.0	327	22.5	159	11.0	26	1.8	1,452
40.1-50.0%	7	0.6	406	33.9	385	32.2	249	20.8	124	10.4	25	2.1	1,196
50.1-60.0%	5	0.6	275	31.8	314	36.3	186	21.5	76	8.8	8	0.9	864
60.1-70.0%	3	0.5	195	33.4	191	32.8	135	23.2	49	8.4	10	1.7	583
70.1-80.0%	4	0.8	158	33.4	151	31.9	99	20.9	49	10.4	12	2.5	473
80.1-90.0%	4	0.5	240	31.8	217	28.7	161	21.3	98	13.0	35	4.6	755
90.1-100.0%	21	1.3	514	31.7	496	30.5	390	24.0	162	10.0	41	2.5	1,624
합 계	64	0.5	4,388	33.9	4,221	32.6	2,960	22.9	1,090	8.4	207	1.6	12,930

6. 유민의 거주형태

유민의 거주형태는 결혼형태가 85.4%, 모르는 사람의 보호는 12.4%, 친인척의 보호는 2.1%임. 결혼형태로 거주하는 탈북유민의 상당수는 인신매매로 팔려온 경우로 판단됨. 모르는 사람의 보호를 받는 경우는 조선족의 보호 아래 돈을 벌기 위해 일을 하면서 생활하는 경우로 판단됨.

<표6-1> 유민의 거주형태

거 주 형 태	유민수	백분율(%)
친 인 척	274	2.1
모르는 사람	1,609	12.4
결 혼	11,062	85.5
무 응 답	2	0.0
합 계	12,947	100.0

유민의 거주형태

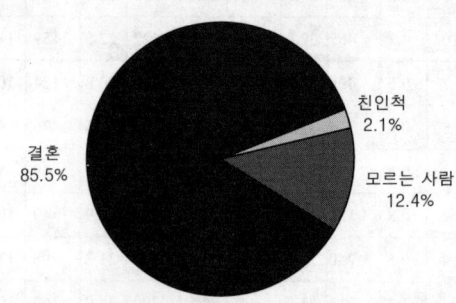

(1) 지역별로 유민의 거주형태를 보면 길림성은 모르는 사람의 보호를 받는 비율이 높음.

<표6-2> 지역별 유민의 거주형태

지 역	친 척		모르는 사람		결 혼		합 계
	유민수	비율(%)	유민수	비율(%)	유민수	비율(%)	
요녕성	68	1.7	372	9.2	3,588	89.1	4,028
길림성	25	2.1	255	21.3	916	76.6	1,196
흑룡강성	181	2.3	982	12.7	6,558	84.9	7,721
합 계	274	2.1	1,609	12.4	11,062	85.5	12,945

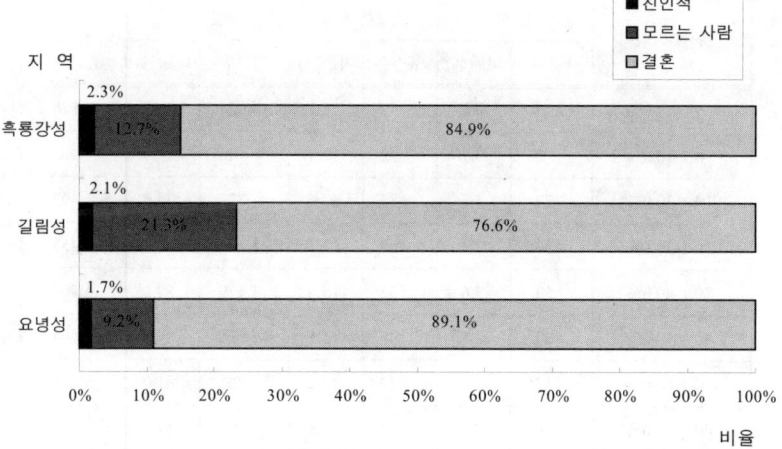

지역별 유민의 거주형태

(2) 경제·지리적 특성별로 보면, 시교지역은 모르는 사람의 도움을 받는 비율이 비교적 높은데, 그것은 조선족이 많이 분포하고 있어서 결혼보다는 일자리를 얻어서 생활하는 유민이 많기 때문임.

<표6-3> 경제·지리적 특성별 유민의 거주형태

지리적 특성	친 척		모르는 사람		결 혼		합 계
	유민수	비율(%)	유민수	비율(%)	유민수	비율(%)	
시 교	7	1.4	96	19.6	387	79.0	490
농 촌	211	2.1	1,225	12.3	8,548	85.6	9,984
산 촌	56	2.3	288	11.7	2,127	86.1	2,471
합 계	274	2.1	1,609	12.4	11,062	85.5	12,945

(3) 모르는 사람의 도움을 받는 경우는 조선족 비율이 90% 이상인 마을에 비교적 높게 분포하고, 조선족이 0%인 한족마을에는 대부분 결혼형태의 거주임.

<표6-4> 조선족 비율별 유민의 거주형태

조선족 비율	친 척		모르는 사람		결 혼		합 계
	유민수	비율(%)	유민수	비율(%)	유민수	비율(%)	
0%	5	0.1	49	1.2	3,924	98.6	3,978
0.1-10.0%	2	3.2	12	19.4	48	77.4	62
10.1-20.0%	27	5.5	87	17.6	379	76.9	493
20.1-30.0%	30	2.1	199	13.7	1,224	84.2	1,453
30.1-40.0%	53	3.6	232	15.8	1,179	80.5	1,464
40.1-50.0%	33	2.8	145	12.1	1,016	85.1	1,194
50.1-60.0%	15	1.7	149	17.2	701	81.0	865
60.1-70.0%	16	2.7	73	12.5	494	84.7	583
70.1-80.0%	14	3.0	76	16.1	383	81.0	473
80.1-90.0%	34	4.5	133	17.6	588	77.9	755
90.1-100.0%	45	2.8	454	27.9	1,126	69.3	1,625
합 계	274	2.1	1,609	12.4	11,062	85.5	12,945

7. 유민의 거주기간

동북3성 탈북유민의 48.8%가 6개월-3년 정도로 장기간 거주하고 있었음. 탈북유민의 거주기간이 연변지역보다 긴 이유는 동북3성에 거주하는 유민들은 결혼형태로 정착했거나 정착을 원하는 유민이 대다수이기 때문임.

<표7-1> 유민의 거주기간

거 주 기 간	유민수	백분율(%)
15일 미만	345	2.7
1개월 미만	606	4.7
3개월 미만	1,553	12.0
6개월 미만	4,108	31.7
1년 미만	3,812	29.4
3년 미만	2,513	19.4
무 응 답	10	0.1
합 계	12,947	100.0

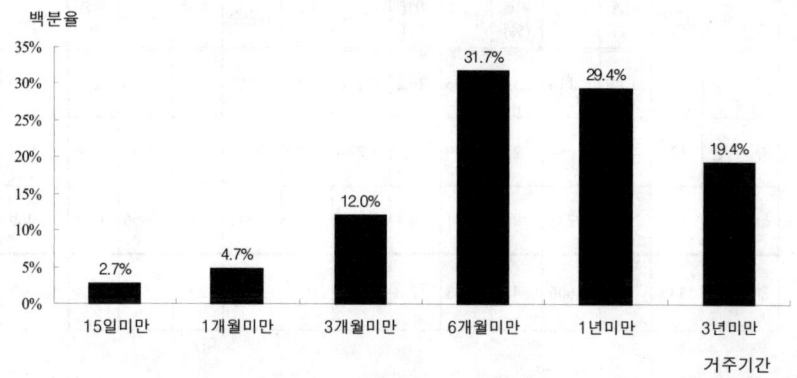

유민의 거주기간

(1) 지역별로 보면 흑룡강성은 탈북유민의 거주기간이 비교적 길었고, 길림성·요녕성지역은 거주기간이 짧았음.
이것은 길림성이나 요녕성보다 흑룡강성이 공안의 수색과 색출에서 비교적 안전하기 때문으로 판단됨.

<표7-2> 지역별 유민의 거주기간

지역	15일 미만		1개월 미만		3개월 미만		6개월 미만		1년 미만		3년 미만		합계
	유민수	비율(%)	유민수	비율(%)	유민수	비율(%)	유민수	비율(%)	유민수	비율(%)	유민수	비율(%)	
요녕성	136	3.4	223	5.5	524	13.0	1,198	29.8	1,269	31.5	674	16.7	4,024
길림성	180	15.1	305	25.5	358	29.9	272	22.7	69	5.8	12	1.0	1,196
흑룡강성	29	0.4	78	1.0	671	8.7	2,638	34.2	2,474	32.1	1,827	23.7	7,717
합계	345	2.7	606	4.7	1,553	12.0	4,108	31.8	3,812	29.5	2,513	19.4	12,937

<표7-3> 경제·지리적 특성별 유민의 거주기간

구분	15일 미만		1개월 미만		3개월 미만		6개월 미만		1년 미만		3년 미만		합계
	유민수	비율(%)	유민수	비율(%)	유민수	비율(%)	유민수	비율(%)	유민수	비율(%)	유민수	비율(%)	
시교	78	15.9	114	23.3	143	29.2	120	24.5	25	5.1	10	2.0	490
농촌	120	1.2	254	2.5	959	9.6	3,274	32.8	3,174	31.8	2,197	22.0	9,978
산촌	147	6.0	238	9.6	451	18.3	714	28.9	613	24.8	306	12.4	2,469
합계	345	2.7	606	4.7	1,553	12.0	4,108	31.8	3,812	29.5	2,513	19.4	12,937

(2) 조선족이 없는 한족마을의 유민들의 거주기간이 비교적 길었음.

<표7-4> 조선족 비율별 유민의 거주기간

조선족 비율	15일 미만		1개월 미만		3개월 미만		6개월 미만		1년 미만		3년 미만		합계
	유민수	비율(%)	유민수	비율(%)	유민수	비율(%)	유민수	비율(%)	유민수	비율(%)	유민수	비율(%)	
0%	33	0.8	48	1.2	208	5.2	1,332	33.5	1,421	35.8	932	23.5	3,974
0.1-10.0%	4	6.5	3	4.8	4	6.5	25	40.3	15	24.2	11	17.7	62
10.1-20.0%	11	2.2	10	2.0	95	19.3	175	35.5	134	27.2	68	13.8	493
20.1-30.0%	26	1.8	87	6.0	216	14.9	465	32.0	410	28.3	247	17.0	1,451
30.1-40.0%	36	2.5	64	4.4	240	16.4	440	30.1	407	27.8	277	18.9	1,464
40.1-50.0%	75	6.3	79	6.6	194	16.3	350	29.4	299	25.1	195	16.4	1,192
50.1-60.0%	57	6.6	86	9.9	158	18.3	246	28.4	186	21.5	132	15.3	865
60.1-70.0%	18	3.1	31	5.3	68	11.7	170	29.2	168	28.8	128	22.0	583
70.1-80.0%	43	9.1	48	10.1	48	10.1	139	29.4	112	23.7	83	17.5	473
80.1-90.0%	15	2.0	31	4.1	105	13.9	239	31.7	217	28.7	148	19.6	755
90.1-100.0%	27	1.7	119	7.3	217	13.4	527	32.4	443	27.3	292	18.0	1,625
합 계	345	2.7	606	4.7	1,553	12.0	4,108	31.8	3,812	29.5	2,513	19.4	12,937

8. 유민의 생활유형

동북3성에 거주하는 유민들의 생활유형은 87% 이상이 일을 하지 않는 경우이고, 일을 하는 경우에는 78.1%가 노임을 받고 있었음. 일하지 않는 비율이 높은 이유는 결혼형태로 거주하는 유민이 대다수이기 때문임.

<표8-1> 유민의 생활유형

생활 상황		유민수		백분율(%)	
일하지 않음(결혼,친인척 의탁)		11,348		87.6	
일을 하고 도움 받음	노임 받음	1,597	1,247	12.3	78.1
	숙식만 해결		350		21.9
무 응 답		2		0.0	
합 계		12,947		100.0	

유민의 생활유형

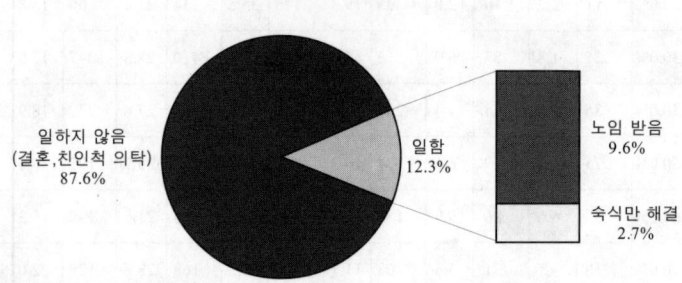

(1) 지역별로 보면 흑룡강성은 일하는 유민의 비율이 비교적 높았음. 요녕성은 일하지 않는 비율이 비교적 높았고, 일을 하는 경우에는 대부분 노임을 받고 있음.

<표8-2> 지역별 유민의 생활유형

지 역	일을 하지 않음 (결혼, 친척의탁)		일을 하고 도움을 받음				합 계
			소 계		노임 받음	숙식만 해결	
요 녕 성	4,345	91.7%	391	8.3%	371 (95%)	20 (5%)	4,736
길 림 성	504	90.8%	51	9.2%	39 (76%)	12 (24%)	555
흑룡강성	6,499	84.9%	1155	15.1%	837 (72%)	318 (28%)	7,654
합 계	11,348	87.7%	1,597	12.3%	1,247 (78%)	350 (22%)	12,945

<표8-3> 경제·지리적 특성별 유민의 생활유형

구 분	일을 하지 않음 (결혼, 친척의탁)		일을 하고 도움을 받음				합 계
			소 계		노임 받음	숙식만 해결	
시 교	240	92.0%	21	8.0%	17 (81%)	4 (19%)	261
농 촌	9,598	87.0%	1,428	13.0%	1,099 (77%)	329 (23%)	11,026
산 촌	1,510	91.1%	148	8.9%	131 (89%)	17 (11%)	1,658
합 계	11,348	87.7%	1,597	12.3%	1,247 (78%)	350 (22%)	12,945

9. 유민의 연행

동북3성지역은 월 평균 연행 횟수 1.1회, 한달내 연행된 유민수는 12,947명으로 조사됨. 길림성의 평균 연행 횟수가 비교적 낮았으며, 흑룡강성의 평균 연행 횟수가 가장 높았음.

<표9-1> 지역별 유민의 연행 현황

지 역	조사 마을수	총 유민수	연행 횟수 (한달 이내)	연행 유민수	평균 연행 횟수
요녕성	314	4,030	314	137	1.0
길림성	57	1,196	30	32	0.5
흑룡강성	542	7,721	687	415	1.3
합 계	913	12,947	1,031	584	1.1

통일마당 2

두만강을 건너온 사람들

초판 1쇄 1999. 8. 30
　　 2쇄 1999. 10. 30

펴낸이/김정숙
엮은곳/(사)좋은벗들
펴낸곳/정토출판
등록번호/제22-1008호
등록일자/1996. 5. 17

137-073 서울특별시 서초구 서초 3동 1585-16
전화 : 02)587-8992 · 전송 : 02)587-8998
인터넷 http://www.jungto.org/home/book
E-mail : book@jungto.org

ⓒ1999. 정토출판

값 8,000원

ISBN 89-85961-22-5 03300